まんがでわかる

稲盛和夫フィロソフィ

The Essence of Inamori Philosophy

〔監修〕稲盛和夫
〔まんが〕小山鹿梨子

宝島社

まんがでわかる

稲盛和夫フィロソフィ 目次

おもな登場キャラクター

坂本 夏実

本編の主人公。大学2回生。スキー部に所属し、ドーム球場でビールの売り子のアルバイトをしている。

平野 春香

夏実の友人。夏実と同じ部活とアルバイト。

住谷 千冬

夏実のアルバイト先の後輩。

津賀 有紀《あき》

夏実のアルバイト先の先輩。売上No.1の実力者。

打川 真喜子

夏実のアルバイト先の現場主任。

※このまんがはフィクションです。登場する人物、団体名、事件などはすべて架空のものです。
※本書は、巻末に記した参考文献の要点を選抜し、嚙み砕いて紹介しています。
※まんが内の引用文は、本書の表記ルールに従い、表記を一部改めています。

Chapter 1

人生の意味を実感するには?

——「宇宙の一部」という感覚を持つ

「現代の経営の神様」ともいわれる京セラ名誉会長・稲盛和夫。
その生き方・考え方にならって仕事や人生に意義を感じて生きたいなら、
まずは、素直な心を思い出そう。
そのまま歩き出せば、進むべき道は、きっと見えてくる。

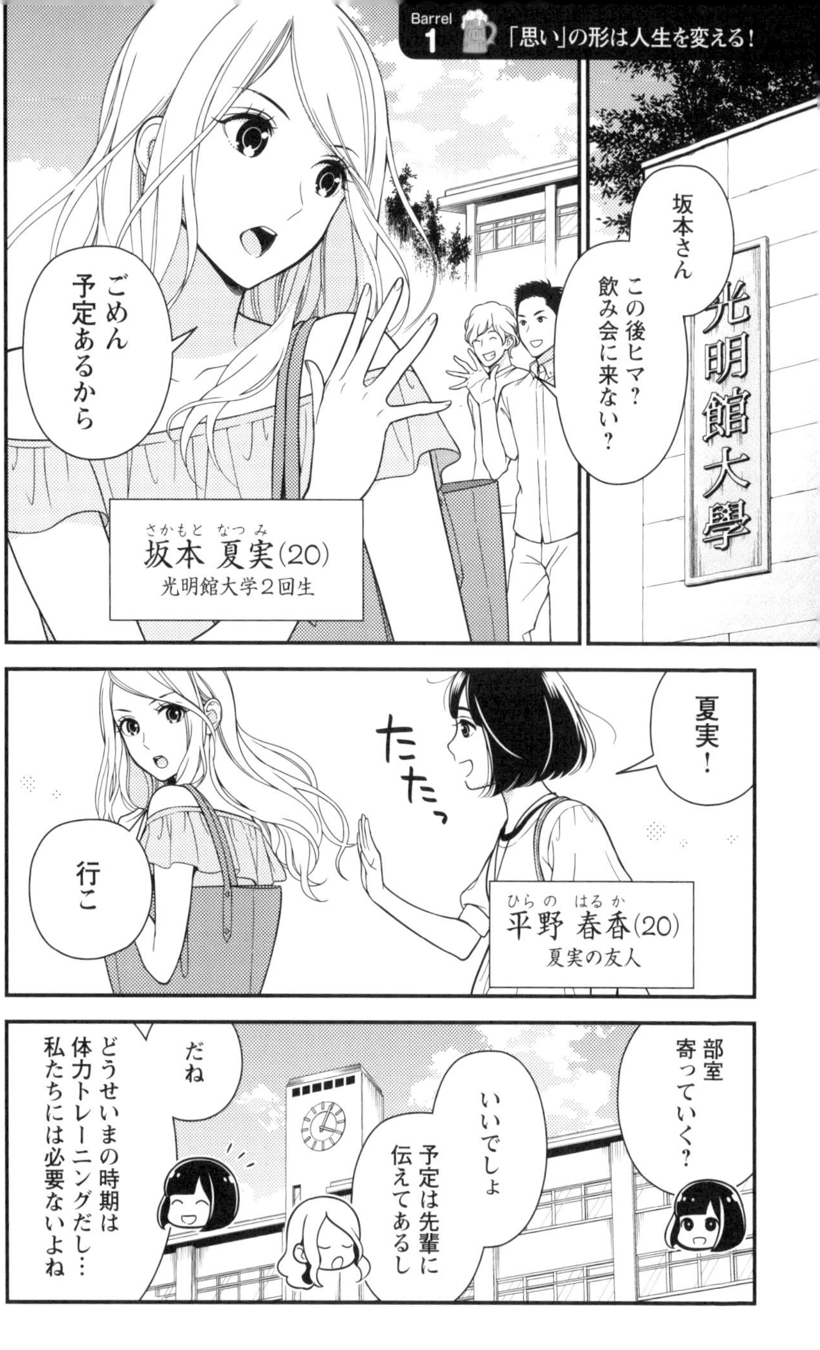
坂本さん
この後ヒマ？
飲み会に来ない？
光明館大學
ごめん
予定あるから
坂本《さかもと》 夏実《なつみ》(20)
光明館大学2回生
夏実！
たたっ
行こ
平野《ひらの》 春香《はるか》(20)
夏実の友人
部室
寄っていく？
いいでしょ
予定は先輩に
伝えてあるし
だね
どうせいまの時期は
体力トレーニングだし…
私たちには必要ないよね

それに…
今日はちょっと早めに来いって言われてる
？
そうか！
夏実は今日から「生ビール樽」か！
おめでとう！
野球場バイトの花形
NAHO BEER
ビールの売り子
べ 別にそういうんじゃないでしょ
え 夏実だってそのためにがんばってきたんでしょ？
ずっと「缶もの」だったもんね
チューハイとか
いよいよ夏実も樽デビューか！
わたしとおそろいだね♡
……

ていうか
このバイトに
誘ったのは私だし
はっきり言って
いまさらでしょ
夏実…
不安？
なんで？
体も急にきつくなるし
動きとかも
変わってくるからさ
心配なのかな
って
駅
お
大きなお世話よ
そう考えると
有紀さんてスゴイよね
200杯超えが
普通だもん
私もせめて
150杯くらいは
いきたいんだけどな…
ムス
偉そうに…
でも夏実なら
すぐにクリア
しちゃうかもね
た
多分ね
それより
気に入らないのは
あの子
大学に入ってから
始めたくせに
私より先に
樽になって——

おはよう
ございます！
千冬ちゃん
おはよう
夏実さん
お疲れさまです
うん…
お疲れ
通用口1
防災センター
住谷《すみたに》 千冬《ちふゆ》（19）
バイト先の後輩
今日も暑いですけど
がんばりましょうね！
田舎くさ…
ボソ
たたっ
え？
なんでもない
夏実
私たちも急ごう
見た目も
機転も
私があの子に
負けてるとこなんて
1つもないし

ビール売上デイリーランキン
1 津賀 有紀 246杯
中田 みな 231杯
ま もう同じ土俵だし 関係ないか
そろそろ試合開始だよ！
今日も気合い入れていこう！
はい！
打川《うちかわ》 真喜子《まきこ》（27）
現場主任
いつも通り状況を見てフリーに動いていいから
ただし流れをつかむのを忘れないでね
はい！
よしゴー！
夏実ちゃん今日から樽でしょ？
がんばってね
津賀《つが》 有紀《あき》（22）
売上No.1の先輩
ひそっ
はは い
なんだかんだでそれぞれ自分のエリアがあるからさ
いろいろ動いて居場所を見つけるといいよ

言われなくても
そのつもり…
だって
大丈夫？
平気だから
これが
10kgの重さ…
行って
きます…
教えた通りにね！
樽を
揺らさないように！
1塁側の端から
行ってみるか…
冷たいビール
いかがですか～
シーン…
INAHO
BEER

君 樽になったんだ
夏実
え？
夏実ちゃんね
前はチューハイとか売ってなかった？
須賀《すが》
常連客
あ はい 実は今日から…
おお おめでとう
じゃあ お祝いに1杯もらおうかな
！
ありがとうございます！
私の1杯目…
ジュウウウウ
今シーズンの鶴見選手は調子がいいからね
期待してるんだ
……
……
集中

あわ
あわ…
……
す
すみません
入れなおします…
いや
これでいい
初めは誰だって
うまく
いかないものさ
ほっ…
ありがとう
ございます
それ
その表情
え？
緊張してたら
買いづらいよ
もっと笑顔でね
はい！
なんだ
意外と簡単じゃん

この調子で……
あわ
あわ
ありがとうございます！
あ
うん…
これで18杯目
樽が空になったぞ！
よし！
ビール基地
初日にしてはいい感じみたいね
はい
このままいきます！
楽勝！
……
ありがとうございます
また後で来ますね！
あわ
あわ

やっぱりこの仕事
カワイイ方が有利
ビール
いかがですか～
……
あ
おねえさーん
ビール
ちょうだい
やがて試合は
7回の終わり——
ずし…
重い…
全然
減らない……
どうして…?
戻りました
はぁ
はぁ
残っちゃったか
何杯?
はぁ
はぁ
じゅう…に…
です
わかった
じゃあそれは
他の子に
売ってもらう
今日はもう
上がっていいよ

マキさん 樽交換 お願いします！
もう 8回だけど 行けるの？
はい！ 大丈夫 です！
マキさん 次お願い！
有紀に新樽！
千冬は今回は悪いけど この残樽空けてくれる？
はい ありがとう ございます！
夏実！ 今日はもう上がり？
思ったより きつかったでしょ
お先…
？
……

数日後
ール売上デイリー
1 津賀 有紀
2 中田 みな
3 山田 萌音
4 中村 愛子
5 鈴木 香織
6 筒井 百々
7 小川 里花
どうする？ 缶に戻る？
えっ⁉
なんか ノってない みたいだし
そんな……
私なりに ちゃんとやってる つもりですけど…
「私なり」か
1週間やってみて 何か 気づいたことは？
…笑顔で
…お客さんを 逃さないこと？
それは 「缶もの」でも 同じでしょ？
で どうすれば確実に お客さんを 逃さないと思う？
……？
デイリーランキング
有紀 254杯
みな
萌音
4 中村 愛子
鈴木 香織
見えてない か…
？
じゃあ 別の質問
「あの子から 買いたい」
そして また「夏実から 買いたい」と 思わせるには
どんな工夫が できると思った？

ぐ…
それが「私なり」の答えなわけね
お客さんの席に行き ビールを注ぎ カップを渡して お金をいただく
その時間をどう使うの？
もったいないと思わないの？
おはようございまーす
おはよう！
とにかく
そんな意識じゃトップ10なんて夢のまた夢だよ
7 小川 里花 21
住谷 千冬
いいの？
どんどん置いていかれるよ？
とん
なんなのよ！まだ1週間じゃない！
私だってちょっとは考えてる！
でも樽は重いし上り下りだって……
そんなの体が慣れてからの話じゃないの？

ゴッ
INAHO BEER
OBA
ちょっと！気をつけてよね！
ぷいっ
INAHO BEER
もらおうか
あ…須賀さん
ありがとう
今日はもう上がり…かな？
多分…
ビール
まだ1杯あるでしょ？

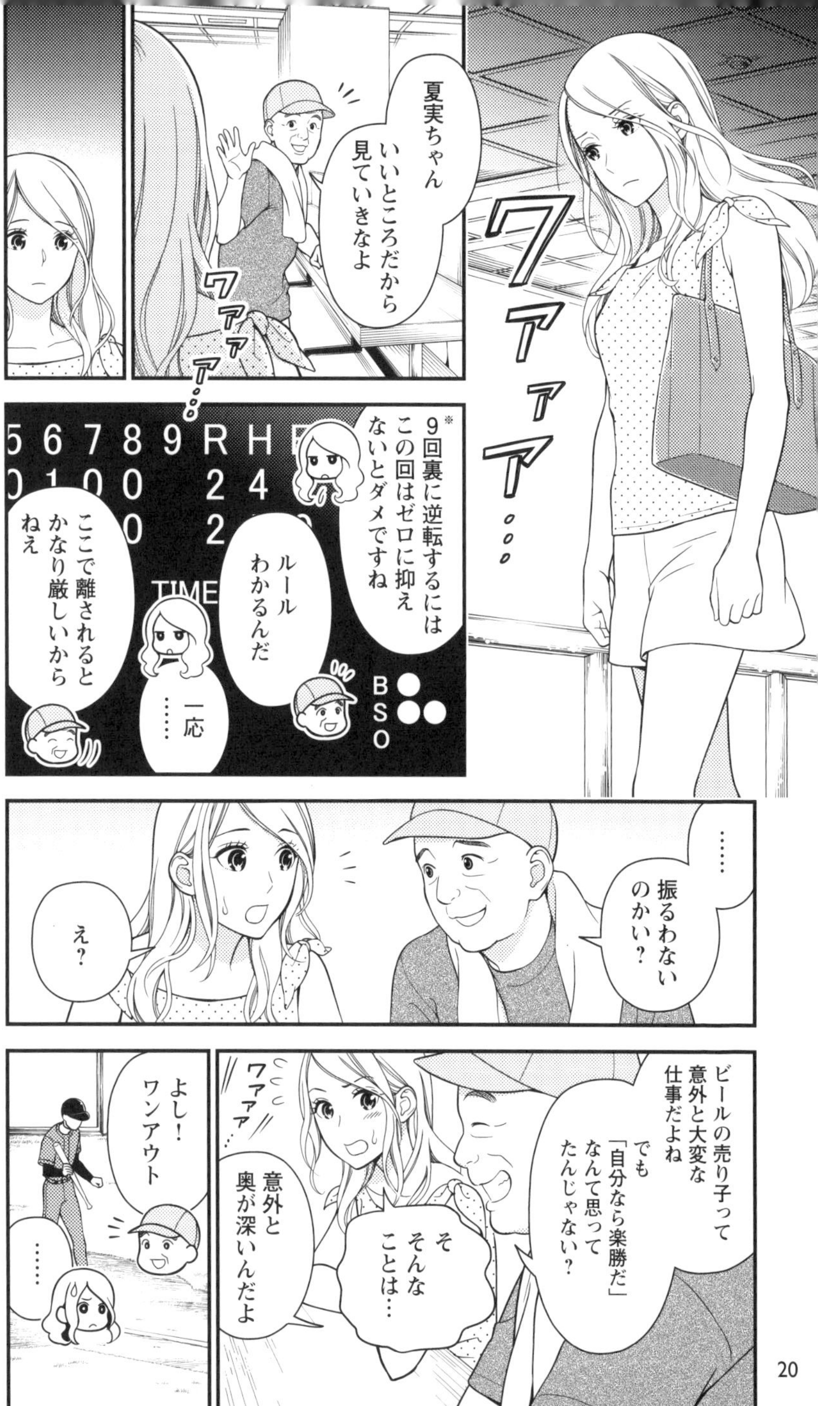

※球場スタッフの夏実は立場上、ホームチーム（後攻）寄りのスタンスです

夏実ちゃんはどうして
このアルバイトを
始めたの？
やっぱり
歩合に
引かれて？
え　あ
まあ…
端からは
人気商売にも
見えるからねえ
舐めてたんじゃない？
夏実ちゃん外見も
自信ありそうだし
そ
そんなことは
じゃあ聞くけど
夏実ちゃんは
このアルバイトで
何を手に入れたいって
思ってる？
お金？
それとも
それ以外の何か？
……
お金……は
そうですけど……
あとはやっぱり…
ランキングか
コク
確かにやるなら
「No.1」のバッジ
を一度はつけて
みたいよなあ
で
そのために君は
どんな意識で
やってるの？
意識…ですか？
1杯でも多く
売れればいいな
と…
なるほど
その程度か
トン
夏実ちゃん
それはハイキングに
行こうという人の
意識だよ
ナンバーワンを
目指す人の
「思い」じゃない
えっ…
……どういう
ことでしょうか？

より高い山に登ろう、より高いレベルの会社にしよう、自分の人生をより充実したものにしていこうと思うなら、「考え方」はその目標にふさわしい、より立派なものを持たなければなりません。
つまり、目標をどこに置くかによって、「考え方」は違ってくるのです。

――『京セラフィロソフィ』 p.29――

考え方は仕事の
そして人生の結果をすべて変えるよ？
そんな大げさな
でも実際夏実ちゃんの成績は振るっていないんだろう？
今日だってせいぜい5樽くらいじゃない？
うっ…
考え方
つまり自分の「心」を磨き心を高めていくことが大きな結果を出すための実は一番の近道なんだよ
心を…高める…
それともう1つ夏実ちゃんはもっと「仲間」を感じた方がいい
ほら見てごらん
みんないい具合に散らばっているだろう
この時間に残ってるのはやり手の子たちばかりだからね
……
それぞれうまいこと相手のエリアを干渉しないように動いている
君はさっきそういう流れを無視して自分のことだけ考えて動いてただろう？
ゴン

仲間のためという調和の中でこそいい仕事いい結果は表れるんだ
澄んだ心で他によかれと思いそれに沿って動く……
そうすれば自然とよい方向に物事は動いていくものなんだ
自然とよい方向に？まさか…
稲盛さんはこれを「宇宙の意志と調和する」と言っている
稲盛さん？
稲盛和夫
世界的にも有名な日本を代表する大経営者だ
彼は
宇宙には森羅万象あらゆるものを発展させよう、生きとし生けるものを善の方向へ導こうという「意志」
いわば愛、慈悲の心が満ちていると言っているんだ

そんな宗教みたいな……
まあ そう思えるかも しれない
でも ビッグバンから始まった この宇宙が 原子をつくり 分子をつくり
やがて生命体が誕生し 僕たちがいま こうしてここにいる…
それは 偶然じゃない
自分で選んだつもりでも 導かれてここにいる
そんなふうに思った方が しっくりくる、なんてことはない？
……
大いなる意志（愛）に沿い、それと調和するような考え方や生き方をすることが何よりも大切なのです。
善き思いや善き行いはそのまま、善へ向かう宇宙の意志を満たすことですから、そこからよい結果、素晴らしい成果がもたらされるのは当然のことです。
――『生き方』 p.221――
ふふ いますぐにわかる 必要はない
だけど 覚えておいて

運命と因果律。その2つの大きな原理が誰の人生をも支配している。
運命を縦糸、因果応報の法則を横糸として、私たちの人生という布は織られているわけです。
人生が運命通りにいかないのは、因果律の持つ力がそこに働くからです。
しかし一方で、善行が必ずしもすぐに善果につながらないのは、
そこに運命が干渉してくるからなのです。

──『生き方』 p.210 ～ 211──

モリックスの鶴見選手は このプレーで 左肩を負傷したとの 情報です
開幕1カ月で 戦線離脱となって しまったわけですが――
オープン戦から 打って変わって チームが絶不調 でしたからね
このフライを落としたら 10連敗の危機でしたから なんとしても 阻止したかったん でしょう
リーダーの 責任感ですね
ええ
チームメートには 思いはしっかり 伝わってるはずです
明日は やってくれるんじゃ ないですか?
「仲間を感じた 方がいい」
「どんどん 置いていかれるよ」
う…
ていうかさ…
とりあえず 売るしかないと 思うんだけど…

Chapter 1

自分だけの欲で動かず、宇宙とつながる感覚を持つ

善意溢れる宇宙の意志に調和する

稲盛氏によれば、人生には2つの目に見えない大きな力が働いているという。1つは「運命」。人が生まれつき持つもので、自分の意志を超えて人生を導く力のことだ。もう1つは「因果応報の法則」。善いことをすればいい結果、悪いことをすれば悪い結果を得るという原因と結果を結ぶ力だ。

どちらかというと因果応報の法則の方が運命の力より強い。そのため、善いことをすれば、運命をよい方向に変えることができる。ただし、すぐにいい結果が出るとは限らない。20～30年という長い時間が必要になる場合もある。結果をすぐに期待せず、地道に善行を続ける忍耐も大事だ。

因果応報の法則は「宇宙の意志」に基づいている。いまも膨張し続ける広大な宇宙の始まりは、ごく一握りの超高温・超高圧のエネルギーの塊。それが大爆発（ビッグバン）を起こした結果、素粒子、原子が生まれ、物質が、そして生命が誕生した。そこには森羅万象を進化発展する方向へ導こうとする流れ、「宇宙の意志」と呼べる善意に溢れた〝流れ〟が満ちているのだ。ということは、自分の仕事や人生をよい方向に進化発展させたいと考えたとき、まず意識すべきは宇宙を満たす善意の流れに調和することなのだ。

欲ではなく美しい心を動機にする

人は本来、他人の喜びを自分の喜びとする「愛」、世のため人のために働こうとする「誠」、自分だけでなく人々の幸せを願う「調和」という3つの美しい心を持つ。これが本来、人間という存在の本質・根源なのだ。

だが同時に人間は肉体を持つ。肉体は自分を守ろうとする利己的な存在で、食欲や財欲といった肉体の欲望は3つの心よりも先立ちやすい。しかし、欲に引きずられて3つの心を封じ込めたままの状態だと、本当の幸せは得られない。人間存在の本質に基づいて生きる、つまり、3つの心を前面に出して生きるには、自分の不出来を認めて反省する素直な心を持ち、謙虚さと感謝を忘れないといった、人として当然の道を歩む姿勢が大切。

美しい心を持つ努力をすれば、宇宙の意志が自分に「生」を与えた意味や人生の本当の意味が見えてくる。

宇宙の“流れ”を感じて素直に努力する

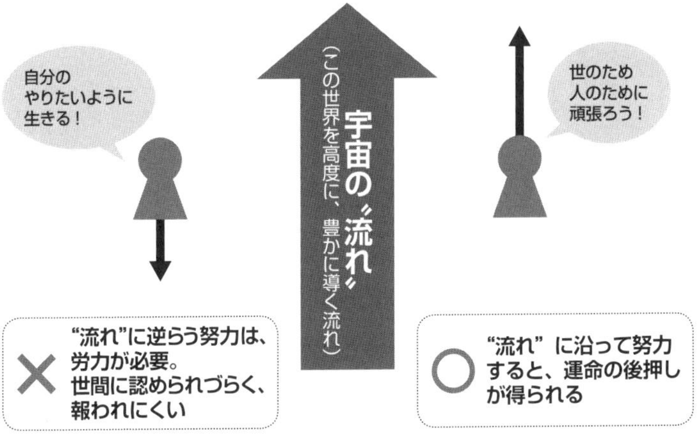

経営の判断基準は「人間として何が正しいか」

（創業時、京セラは）従業員28名の小さな会社ではありましたが、創業してみるとすぐに決めなければならないことが山ほど出てきました。「これはどうしましょうか」と、次々に社員が決裁を求めてきます。

しかし、私には経営に関する経験があるわけでもなく、経済や経理もろくに知りませんでした。また、親戚や知人に経営者がいるわけでもなく、相談する人もいませんでした。それでも経営者としては判断をしていかなければなりません。もし、自分が判断を間違えば、たちまち会社は傾いてしまうのではないかと心配で、眠れない日が続きました。

そのように創業当初、私はいかに経営していけばいいのか、何を基準に判断していけばいいのかわからず困り果ててしまいました。しかし、どうせ自分は経営を知らないのだからと原点に戻り、「人間として正しいことなのか、正しくないことなのか」、「善いことなのか、悪いことなのか」を基準に判断することにしたのです。

矛盾があったり、理屈に合わなかったり、また一般に持っている倫理観やモラル、そういったものに反するような経営では、決してうまくいかないだろうと考えたからです。

経営の経験はないけれど、正・不正や善・悪などは、最も基本的な道徳律であり、子供の頃から両親や学校の先生に毎日のように教えてもらっていたことなので、私にもよくわかっているという自信がありました。

こうして「人間として何が正しいか」という最も基本的なこと、つまり「原理原則」を判断基準として経営を始めたのです。

（出典：1995年10月　北京市人民大会堂での講演より）

Chapter 2 周りに認められる仕事とは?

——「最高」よりも「完璧」にこだわる

仕事には競争がつきもの。
だが、「勝ち」にとらわれすぎると、その仕事は美しさを失い、
成長の機会も逃してしまう。お金より、世のため、人のため、仲間のために働く気持ちを強く持つことで、仕事にも幸福がついてくる。

…というわけで
相変わらず 一番売れているのは 青葉ビールです
しかしながら わがイナホビールも なんとか この3連戦で肉薄して あわよくば逆転したい
皆さん よろしく頼みます
菊池《きくち》 マネージャー
はい！
みんな 力を合わせて がんばろう！
はい！
…結局は 個人戦ですけど？
歩合だって 皆勤賞のボーナスだって 自分のために 目指しているわけだし
がんばってこ！
はい 有紀さん！

チカッ
千冬 いいね そのバッジ
シンプルだけど 似合ってる
ホントですか 見つけてもらいやすいかなって 思って
うん 反射で光るし 面白い アイデアだよ
今日はもう けっこうお客さん 入ってるんだよね
目指せ 自己ベスト
夏実ちゃん
腰のベルトは もうちょっと 高い位置で締めた方が 背負いやすいと思う
キュッ
……どう?
あ…
ええ
じゃあ がんばって!
今日は…… あっちから 行ってみよう

タン
タン
タン
INAHO BEER
シュワー
ストン
ありがとうございました！
よっと…
この動きが…しんどいんだよね…
……
負けられない
ビールいかがですかー

よし
空いた
6樽め！
交換
お願いします！
ホント
今日はいい感じ！
もた
もた…
イラ…
……
大丈夫？
お
終わりました
よし
行っておいで
ムス
せっかくの
ペースが…
！
ありがとう
ございます
シュー……

ん？売り切れ？
シュー
シュー
出ない…
いえ いま新しい樽に入れ替えたところで…
もういいや ねえちょっと ビール ちょうだい
はい！
すいませーん ガスしか出ないんですけどー
えっ！
ああ ディスペンサーと樽の接続がゆるいせいだ
えっ！ す… すみません……
ここはよく締めないと ダメなんだ
これでどう？
シュワー
オッケーです
ゴメンね 行ってらっしゃい
キッ
……

最悪
絶対もう1樽はいける流れだったのに…
暑…
あっ
パサッ
ぐしゃ
……
夏実さん！
これ使ってください
え？
いつも2枚持ってるんでよかったら
あ ああ…
じゃあまた後で
タタタ
あちらまでまわしてもらえますか？
あんなめんどくさい場所…
……
よくやる…

やっと空になった
今日はこれで上がりかな
お疲れさまでーす
どう？
もう1樽いく？
え？
あ…
いや…
はい！
お願いします！
夏実は今日はもう上がる？
はい
ちょっと限界で…
内野席がいますごくいい感じで！
よし
1人も逃すんじゃないよ！
はい！
もたもた…
……
イラ
すいません…
ゆっくりでいいですよ
気にしないでください

ほっ
オッケーです
ありがとうございます
数日後
おとといまでの3連戦の売上ですが……
惜しかった！
あと少しこっちが及ばなかった
あ〜〜…
でもみんなよくがんばってくれた
全体としての売上はかなりアップしました
ありがとう
わぁっ
よかったね〜
ということで今日もよろしくお願いします
よろしくお願いしまーす

ねえ
今日って夜は
忙しい？
え
どうしてですか？
終わったら
みんなでコンパ
しようかって
話してて
コ
コンパ!?
あ
といっても男の子が
来るヤツじゃなくて
普通の飲み会
京セラでは
コンパって
いうんだよ
京セラ……？
稲盛和夫って
いう人が
一代でつくった会社
聞いたことない？
いえ
ちょっとは……
須賀さんが
言ってたような…
素材とか半導体とか
ネットワーク事業とか
いろいろやってて
年間で売上が
1兆5000億円くらい
あるらしいよ
！
そんなに？

この3日間みんなでがんばったしたまには親睦を深めるのもいいでしょ?
でも私は……
ひそ…
ね行こうよ
有紀さんのスゴ腕の秘密が聞けるかもよ?
かんぱーい!
ぷはーお客さんの気持ちがわかる!
あはは
おじさんみたい
汗かいた後のビールは最高だよ
結局来てしまった…
有紀さん3連戦で何杯いきました?
4桁超えた
おお〜!
すごい!伝説つくりましたね!

まだまだ
マキさんには及ばないよ
え？
聞いたことない？
あの人も学生時代は売り子をしていたんだよ
1試合で440杯売ったことあるんだって
売上No.1記録保持者
440杯!?
えと…樽にすると……
25？
すごい…
千冬もがんばってたじゃん
結構いったでしょ？
え…
でも有紀さんの数字聞いたらとても…
ぽん
この子は見込みあるよ
私の若い頃にそっくりだもん
え～うそ～
全然似てないよねえ
わい
わい
……
うん似てない
本気でやれば今シーズン中にトップ3の常連になれると私は見てる
ほ本当ですか？

で、でも
この子のどこに
そんな可能性が……？
そうだよ
まだ1年目だし
ただの天然じゃない
千冬は
私が大事にしてる
2つのものを
もう持ってるから
大事に
している
もの……？
ここと
ここ
……？
千冬はいつも
どういう気持ちで
仕事してる？
どういう
ことですか？
この仕事って
個人のがんばりで
もらえる額がかなり
違ってくるじゃない
まあ…
歩合制
ですからね
うん
そんな中で
いつも何考えて
仕事してるの？
えと……
私は最近は
数字のことは
あんまり気にして
ないですね
えっ!?

数字を気にしすぎると かえってモヤモヤして 仕事に集中できない 気がしませんか
お いいところに 来てるね～
……？
それよりも みんなと気持ちよく 仕事できた方が いいかな、って
スタッフさんのミスで 樽交換が 遅れたりすることって あるじゃないですか
他の売り子さんと エリアが重なって お客さんの取り合い みたいになったり
でもケンカして 嫌な気持ちになるよりは
お互いに 気持ちよくやれるように 譲れるところは 譲った方がいいかなって
へ へえ～
あんまり 突っ張っても いいことないって いうか
要するに 「自分が一番！」じゃなく 仲間のために 動くってことだね
はい
ギスギスするより 喜んでもらった方が こっちも楽しいですし

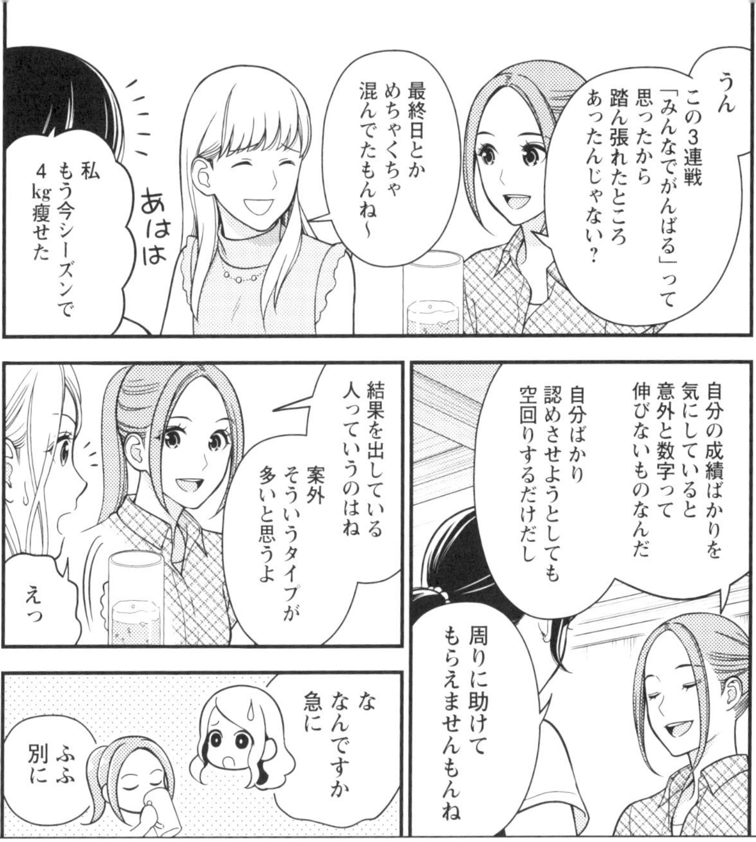

人の行いの中で最も美しく尊いものは、人のために何かをしてあげるという行為です。
…誰でも人の役に立ち、喜ばれることを最高の幸せとする心を持っています。
…私たちは、仲間のために尽くすという同志としてのつながりを持って
みんなのために努力を惜しまなかったからこそ、素晴らしい集団を築くことができたのです。

――『京セラフィロソフィ』 p.81 ――

今日のバッジもそうだけど膝サポ※も少し薄めのに変えたよね？なんで？
最初はクッションが厚い方がよかったんですけど最近慣れてきてかえって動きにくいかなって思いまして
？
どうでもよくない？
さては膝をギリギリ着地しないで注ぐコツを身につけたな？
はい
仕事中はなるべく意識してたんですけど最近体の使い方がわかってきて
！
メモ帳も持ち歩いてるじゃない
あの人は神戸出身…同郷の選手のファン…
私お客さんと話したこととか忘れちゃうんで裏に行ったときにちょっと書いたりしてます
1杯入れるごとに会話の続きをするってわけね
短い時間だけどかなり有効だよ
……
でもどうしてそこまで……？
確かに
私が言うのもなんだけど千冬は学生バイトとしてはかなり稼いでる方だと思う
3連戦で自己ベストも更新したんでしょ？

※サポーター

どんなに小さなことでも積極的に取り組み、問題意識を持って、
現状に工夫、改良を加えていこうという気持ちを持って取り組んだ人とそうでない人とでは、
長い間には驚くほどの差が生まれるのです。
…毎日、少しの創意と工夫を上乗せして、今日は昨日よりもわずかなりとも前へ進む。
…よくありたいという「思い」こそが、仕事や人生では何より大事であり、
真の創造に近づく秘訣でもあるのです。

――『働き方』 p.162 ～ 163――

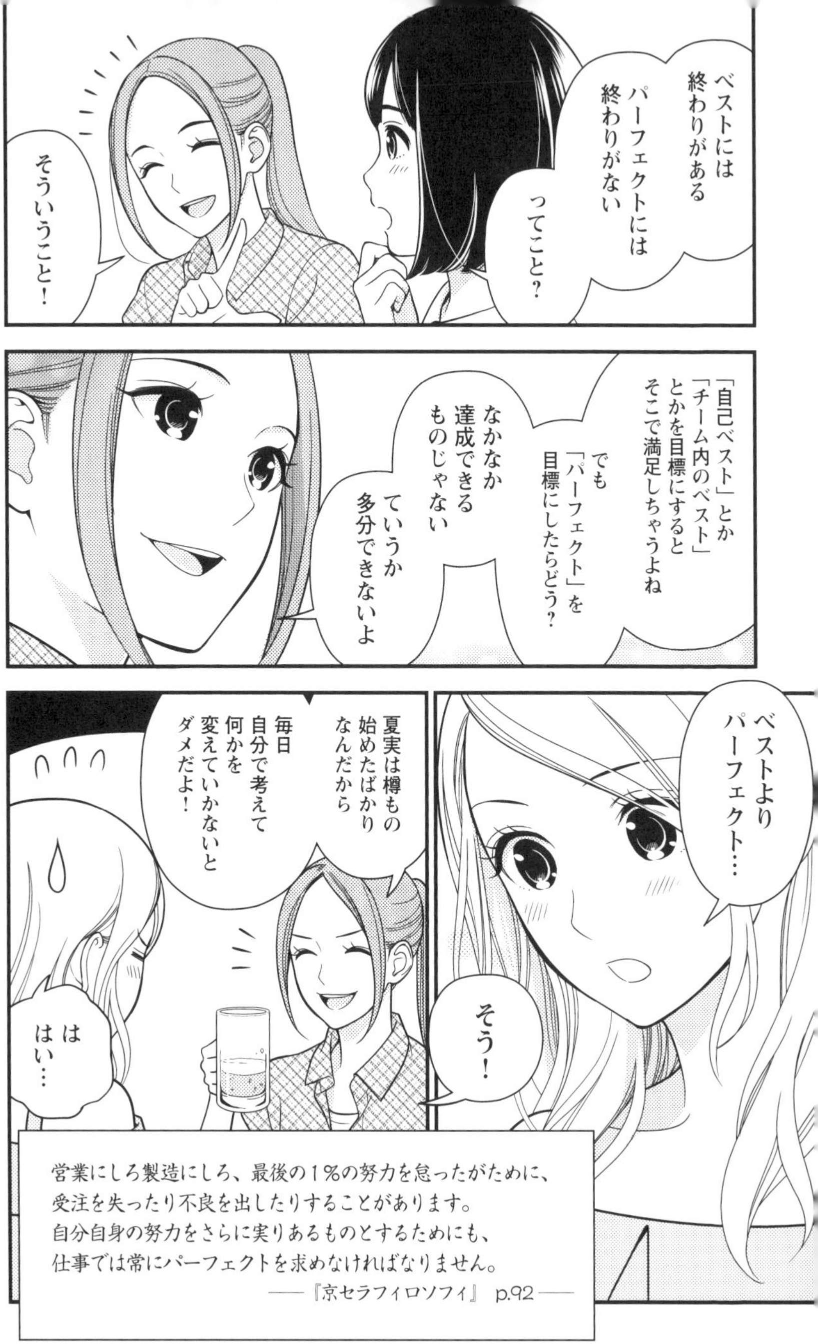
ベストには終わりがある
パーフェクトには終わりがない
ってこと？
そういうこと！
「自己ベスト」とか「チーム内のベスト」とかを目標にするとそこで満足しちゃうよね
でも「パーフェクト」を目標にしたらどう？
なかなか達成できるものじゃない
ていうか多分できないよ
ベストよりパーフェクト…
そう！
夏実は樽もの始めたばかりなんだから
毎日自分で考えて何かを変えていかないとダメだよ！
はは い…
営業にしろ製造にしろ、最後の１％の努力を怠ったがために、
受注を失ったり不良を出したりすることがあります。
自分自身の努力をさらに実りあるものとするためにも、
仕事では常にパーフェクトを求めなければなりません。
──『京セラフィロソフィ』 p.92──

私はね
バイトでこれより
面白い仕事なんて
ないと思う！
数日後
この間のコンパ
楽しかったね〜
う
うん…
そろそろ樽にも
慣れてきた？
ま
まあね…
肩は擦り傷
だらけだけど…
有紀さんは
今シーズンで
卒業でしょ？
私
夏実なら絶対
ナンバーワンに
なれると思う！
え…？
ど
どうかな…
急に言われても
ええ？
夏実なら
絶対意識してると
思ったのに
私は夏実なら
可能性は十分
あると思うな
通用口1
か
買いかぶり
じゃない？
どうせ
空回りだし…

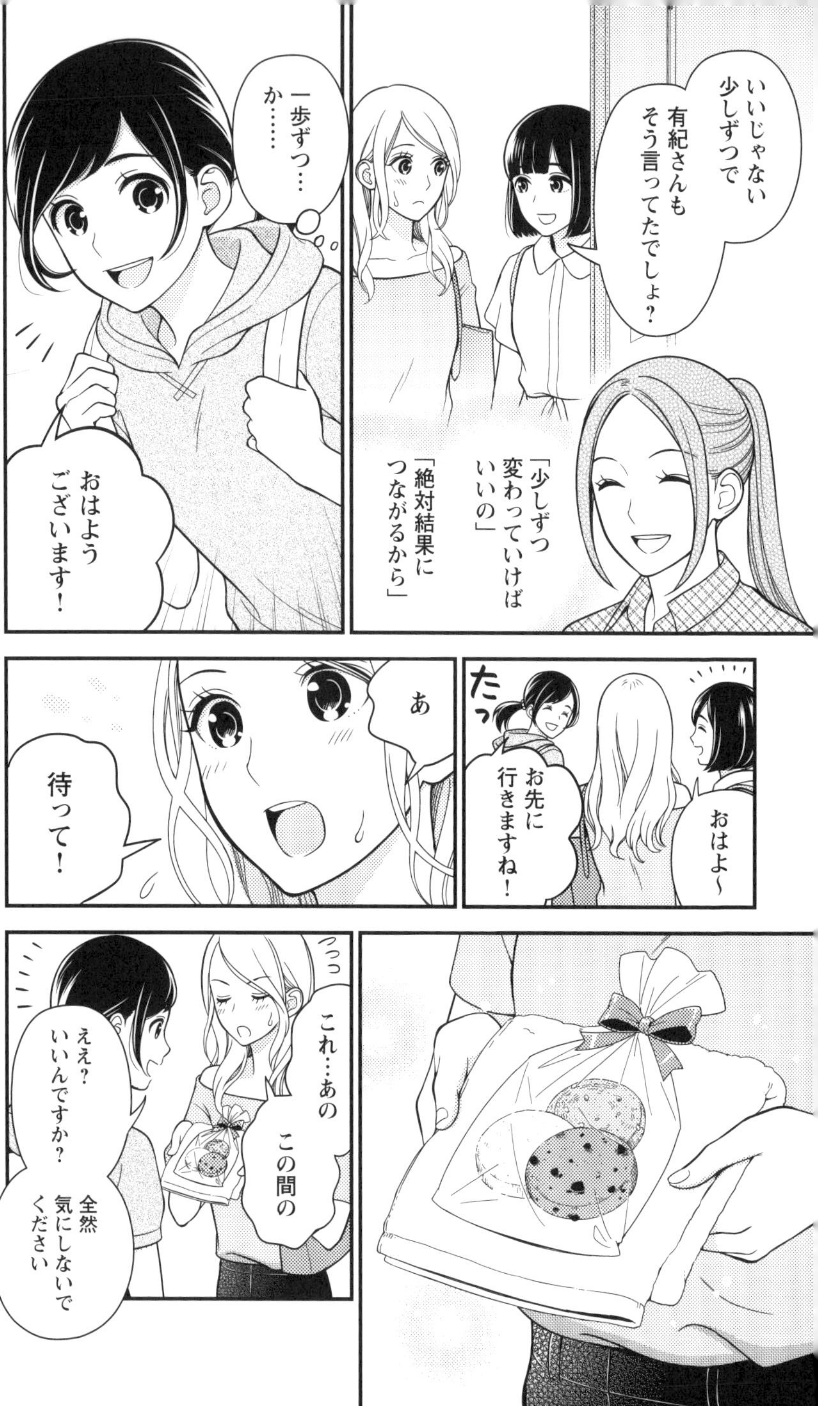
いいじゃない
少しずつで
有紀さんも
そう言ってたでしょ？
「少しずつ
変わっていけば
いいの」
「絶対結果に
つながるから」
一歩ずつ……
か……
おはよう
ございます！
たっ
お先に
行きますね！
おはよ～
あ
待って！
つつつ
これ…あの
この間の
ええ？
いいんですか？
全然
気にしないで
ください

私たちが本当に心から味わえる喜びというのは、仕事の中にこそあるものです。
仕事をおろそかにして、遊びや趣味の世界で喜びを見出そうとしても、
一時的には楽しいかもしれませんが、決して真の喜びを得ることはできません。
…真面目に一生懸命仕事に打ち込み、何かを成し遂げたときにこそ、
他には代えがたい喜びが得られるのです。

——『京セラフィロソフィ』 p.103——

Chapter 2

仲間のために燃え、いつもパーフェクトを志す

ベストを尽くして満足してはいけない

仕事に対して「ベストを尽くせばいい」と考える人は多い。だが、稲盛氏によれば、目指すべきはパーフェクト。製品は、たとえ数%のミスでも命取り。材料や工程にかけた努力が全部無駄になり、会社や顧客に迷惑をかけてしまう。ベストを尽くすだけでは完璧な製品をつくることができない。

パーフェクトを目指すには、「真面目に一生懸命」仕事に打ち込むことが必要だ。仕事を好きになり、好きという情熱で自ら燃える。そのエネルギーで地道に努力を続ける。些細で単純な仕事でも、昨日よりも少しでもよいものをつくる思いで創意工夫を重ねるのだ。

こうした小さな積み重ねが、「手の切れるような製品」を生み出す。手の切れるような製品とは、手を触れると切れてしまいそうなくらい、見た目も質も完璧な製品のことだ。

仕事に打ち込むと、もう1つ大事な効果が出る。それは人格が高まり、心が美しくなることだ。人間である以上、現実にパーフェクトなものをつくることは難しい。だが、パーフェクトに向かって一心不乱に頑張る。人生で一番時間を多く使う仕事に真剣に向き合うことで、大きな成果を得ることができる。

お金よりも仲間のために働く

短期的な業績を賞与や給与に反映させる会社は多いが、だからといって、仕事の一番のやりがいをそこに見出し、「報酬のためだけに燃える」という態度でいれば、周りには対立が増え、賞賛や尊敬を受ける機会は減っていく。結果、人間的な成長のチャンスを逃してしまうのだ。

仕事において、稲盛氏が重視するのは、心と心で結ばれた人間関係。成果を仲間から賞賛され、自分も「役に立った」「皆で成し遂げた」と、幸せを感じられる会社が理想なのだ。チームへの貢献や仲間からの賞賛こそ最高の栄誉である、との価値観が仕事の質を高めていく。

その基盤は、お互い仲間のために尽くそうとする強い信頼関係。日頃から社員同士の絆を深める努力が必要で、〝コンパ〟などの行事はその一環だ。経営者も社員も同じように仲間を思う会社は安定した経営を実現できる。

終わりのない「パーフェクト」を目指せ

△「ベスト」志向

- 数字にこだわり、競争に立ち向かう
- 市場や組織内のトップを目指す
- 自己最高の結果のために努力する
- スキルを磨いて実力アップを目指す

ただし、

- 競争に勝つと満足して成長が止まる
- 仕事の意義を忘れて競争に没頭してしまう

といった心配も！

◎「パーフェクト」志向

- 競争の過程やフェアさにこだわる
- 人格を磨くことを意識する
- 仲間との信頼関係を考える
- 「最高の結果」にも満足しない
- 常に改善と成長の機会を探す
- 「社会により役立つ仕事」を目指し続ける

「ベストを目指す」よりも「パーフェクトを目指す」方が、人間として成長できる!

人の心をベースとして経営し、組織を育てる

京セラの経営のベースとして、「人の心」というものが非常に強い規範になっています。創業当初、頼るべきものといっても、お金もありませんし、あるといえば私の持っているセラミックスの技術だけでした。その技術も日進月歩の技術革新の世界です。

そのようななかで、私は一体何を頼りに経営していけばいいのか、確かなものとは何かを真剣に考えていました。悩んだ末、「人の心」が一番大事ではないだろうかと考えました。

歴史をひもといてみても、人の心というのは非常に移ろいやすく、これほど頼りにならなくて不安定なものはないという事例をいくつも見出すことができます。しかし、同時に世の中でこれほど強固で頼りになるものもないという事例も数多く見出すことができるのです。

私はそういう強くて頼りになる、物よりも何よりも頼りになる、人の心というものをベースにした経営をやっていくべきではないかと思ったのです。

それでは、どうすればそういう強固で信頼のできる心というものを集めることができるのか。そのためには、中心になるべき経営者（私）が、まずそういう人々の素晴らしい心に集まってきてもらえるような素晴らしい心を持たなければなりません。

また、そういう心を一致団結させ、信じられる者同士の集団にするには、経営者としてのわがままを自戒し、私心を捨ててこの集団のためなら生命をかけて尽くすというくらいの気持ちになって事にあたらなければならないと思っています。

（出典：1973年8月8日　京都経済同友会での講演より）

Chapter 3

充実した熱い人生を送るには?

――すべての瞬間を本気で走り続ける

1回きりの人生を生き切るには、
毎日を“ど”がつくほど真剣に駆け抜けることが大切、と稲盛和夫は言う。
いつでも愚直に真っ正面から物事にアタックする日々を重ねている人には、
きっと運命が微笑む日がやってくる。

明館大學
スキー部
こんにちは～
3回生は篠崎さんだけですか？
うん みんなバイト
じゃあローラースキー使ってもいいですか？
どうぞ～
カチ
やっと夏休みが終わったね～
ほんとに
夏休みは家族客が増えて大盛況だもんね
ドームじゃなきゃ絶対暑さで死んでたよ
だね

ホームチームは今年はこのままBクラスっぽいし
あとはのんびりやれるかなあ
ちょっとはお客さん入ってくれないと困るけど
私たちくらいの売上でもやっぱり歩合は大きいもんね
軽く流すくらいにしておく？
うん行こう
合宿どうする？
今年は私たち2回生が準備しないといけないじゃない
行ってみたいゲレンデとか夏実はある？
先の話だしまだよくない？
全員参加したって11人なんだしどうとでもなるよ
そう？12月、2月、3月と3回もあるしさあ
こういう手配とかやったことないから心配になってきちゃって

動き出すのは野球のシーズンが終わってからでも大丈夫だと思う
私はそれよりもバイトに集中したい
そうか…そうだよね
いまは合宿のお金を貯めるのが先か！
そういうこと
年下とか関係ないよね…
見習えるものは見習っていくんだ
また明日からやるぞ！
…と思ったのに…！

ガラーン…
これじゃがんばっても意味ないよ
こんばんは
もらおうかな
その顔はあまり売れてないね？
この客席ですよ？
はは
対戦カードによって観客の入りが違うのは仕方がないね
もうすぐ仕事を終えた人たちも球場に来る時間だが……
まあ期待はできないだろうな
ええ…
こんなときこそがんばってみるとまたいいことがあるのかもしれないけど
？
まさか
期待できるのは3連戦の皆勤賞くらい……？

お疲れさまです！
お疲れ～
夏実さんも樽交換ですか
INAHO BEER
INAHO BEER
うん やっと
今日は正直ハズレだよね
ふふ
勉強させてもらうのは次の機会かな
私の場合帰されなかっただけまし……
今日はチャンスですね
？
行ってきます
あいかわらず
ガラーン…
はあ…
今日は体力を温存して週末にかけよう

空きました
どう？まだ行けそう？
ええと…
「行く」って言った方がいいんだよね
はい 行きます
いや 今日はいいや
もう上がって
あ はい…
空きました！
お疲れさまです
2人はどうする？
INAHO BEER
INAHO BEER

行きます！
もう8回なのに…？
大丈夫？
絶対売ってきますから！
ポイ
お客さんにもらったんですか？
うんLINE
連絡なんかするわけないのにね
……

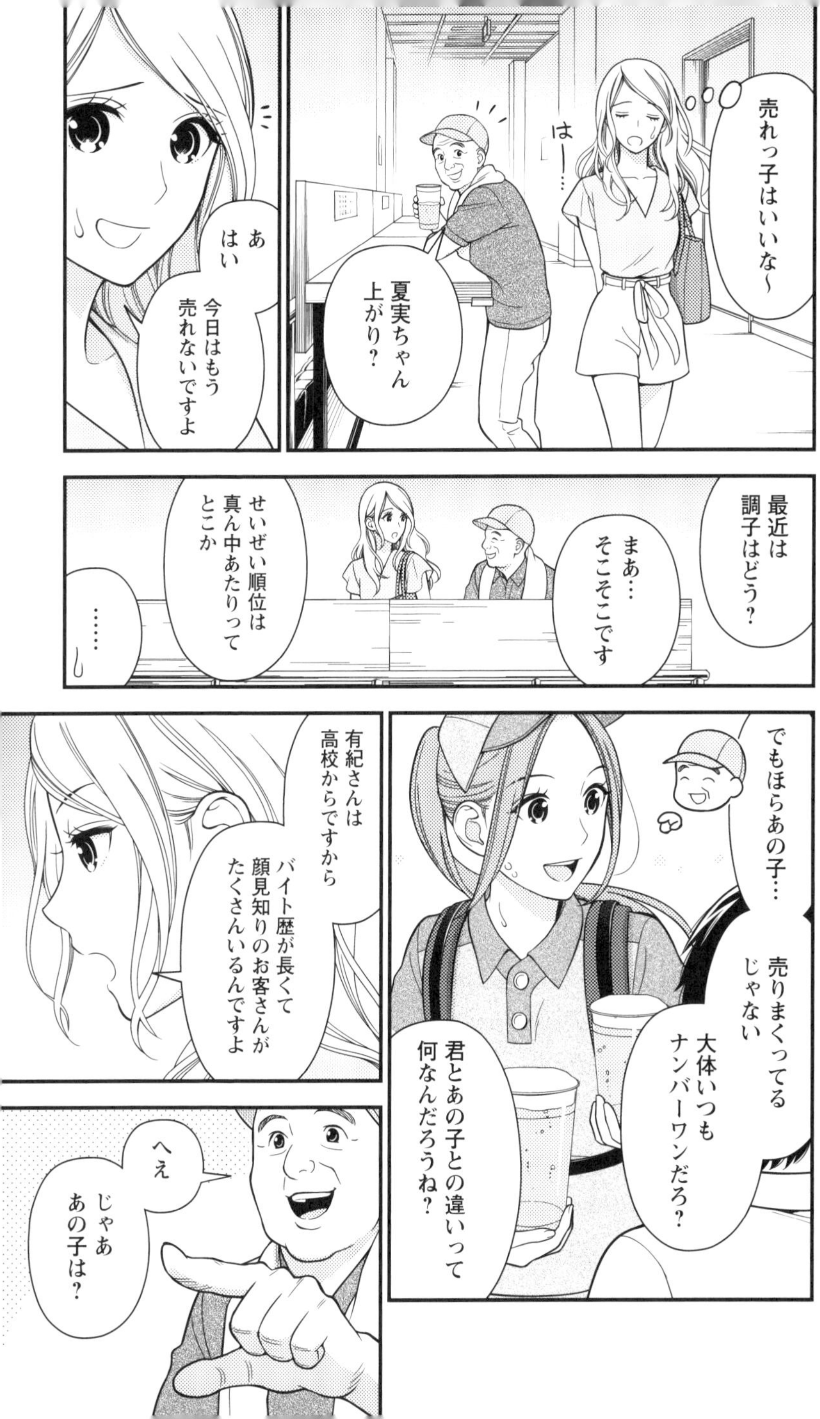
売れっ子はいいな〜
はー…
夏実ちゃん上がり？
あ はい 今日はもう売れないですよ
最近は調子はどう？
まあ…そこそこです
せいぜい順位は真ん中あたりってとこか
……
でもほらあの子…
売りまくってるじゃない
大体いつもナンバーワンだろ？
君とあの子との違いって何なんだろうね？
有紀さんは高校からですから
バイト歴が長くて顔見知りのお客さんがたくさんいるんですよ
へえ
じゃあ あの子は？

彼女は樽になったのは今年からですね
私よりは早いけど
じゃあ君と条件は大体同じか
大分売ってるみたいだけど
同じ…
ではないと思います
そう？
でも結局どんなときでもやるかやらないかでしょ？
商売ってこういう暇な日こそチャンスだったりするんだよねえ
えっ？
「チャンスですね」
「お客さんが少ないから売れないだろう」というのが普通の感じ方だろうけど
実際そうじゃないですか
満席になったらお客さんの数は何倍にもなるんですよ？
それと比べたらこんな状況…

それは
がんばったことのない人の
言うセリフだな
ムッ
私だって
それなりに
がんばってます
ほう
どのくらい？
どのくらいって……
そんなの言えませんよ
「今日が正念場だ」と
思ってやった？
え？
「今日で勝負が決まる」
それくらいの決意で
今日の仕事をがんばった？
それは……
お客さんがいないのに
そんなの空回りするだけ
じゃないですか
力を入れるべきときと
そうでないときを判断するのも
大事なことだと思いますけど
「今はそのときじゃ
ない」か……
じゃあいつが
「そのとき」なの？
君はいつ
本気を出すの？
それはやっぱり
お客さんがたくさん
入ったときじゃないですか？
だから結果が
出ないんだってば
……は？
訳が
わかりません

あの子たちは今日が正念場だと思って汗をかいている
だけど君はそうじゃない
普通の人が勝負所と思わないときにも勝負をかけているかどうか
それが結果に表れるんだよ
勝負所でないところで勝負をかける……？
手を抜きたくなるときなんてきっと誰にだってある
でもそういうときも含めていつも自分を追い込んで
すべての瞬間で「ど真剣」に働かないとってこと
？
私だって真剣にやってます
君は状況を見て力を入れたり出したりしているだろう
それは普通の人の真剣味だ
今日はお客さん少ないから
週末がんばろう
「ど真剣」の真剣味は出したり引っ込めたりするものじゃない
君には真剣を上回る真剣さが足りないかもねと言っているんだ
真剣を上回る真剣さ……

「今日はこの程度でいいか」と判断したわけだろ？
君は結局自分の中に眠っている可能性を信じ切れていないんだよ
…私の…… 可能性？
ああ
だって単に出来事に身を任せているだけなんだもの それじゃあ本領を発揮した君ならなせるはずの物事もなせないな
夏実ちゃんは自分の可能性に興味はないの？
え…… アルバイトですよ？
そう思うからそこで終わる
君は「普通以上」の成果を出したくてがんばってるんだと思ってたけど
はっ

人生とはドラマであり、私たち一人ひとりがその人生の主人公です。
…ど真剣な熱意がなければ、いかに能力に恵まれ、正しい考え方をしようとも、
人生を実り多きものにすることはできません。
いくら優れた緻密《ちみつ》な脚本をつくろうとも、その筋書きを現実のものとするためには、
「ど真剣」という熱が必要なのです。

――『生き方』 P.98～99――

われわれは、必然性があってこの宇宙に存在している、この宇宙がわれわれの生存を認めている、われわれの人生とは、そのくらい価値のある偉大なものなのだ、そう思わなければなりません。
…その意義ある人生の中で、一日一日をどのくらい真剣に生きるのか。
それが、われわれ人間の価値をつくっていくのだと私は考えます。

——『京セラフィロソフィ』 P.353 ～ 354 ——

光明館大學
まだ
レポート提出まで
3週間もあるけど……
ま
進めておくか
合宿のことも……
春香と相談
してみるかな…
後日
今日もお客さん
少ないけど……
やってみるか!
夏実

さらに後日
おはようございます
おはよう
ビール売上デイリーランキ
1 津賀 有紀 26
2 中田 みな 24
3 住谷 千冬 24
4 山田 葉子 23
あの状況で240杯超え…
ねぇ あれ
9 坂本 夏実 204
!
やったね!

夏実ちゃん
トップ10は
初めてだよね？
売り方わかって
きたんじゃない？
さ
さあ
どうでしょう
ま
まあ
気持ちで売った感じ？
どういうこと？
ニッ
夏実
言うじゃない
観客が少ないときこそ
売り子には
チャンスなんだよね
えっ？
こういうときにこそ
手を抜かない人間が
上に行けるんだよ
時間に余裕があるから
会話を通して
自分を覚えてもらう
チャンスだし
お客さんのことだって
覚えられるじゃない？
空いている日にも
来ているのは
コアなファンだからね
気を遣ってくれる
いいお客さんになるよ
……

私ちょっとつかんできたかも
今日も結構 売れたし
すごいねえやっぱり
ま私にはカンケーないけど
春香……
私は元からそこそこやっていければそれでいいかな、って感じだったし

Chapter 3

常に「いま」に勝負をかけ、体当たりで学ぶ

すべての瞬間を「ど真剣」に生きる

いい仕事をしたい、充実した人生を送りたいと願うなら、「自分の人生の主人公は自分である」と深く自覚することが大切だ。人生とはドラマであり、その主人公はあなた。さらにあなたは、そのドラマの監督であり、脚本家なのだ。つまり、誰の人生も、自作自演で構成されていく作品といえる。この認識を強く持ち、自分の人生ドラマをいかにプロデュースしていくのかを改めて考えよう。

1回しかない人生を真剣さも熱意もない、怠惰で緩みきった毎日の繰り返しで終わらせるのはもったいない。いつでも、どんなことにでも、必死、本気、懸命な心でぶつかっていく。そうして夢を追い続けるロマンティックな生き方こそが、中身の濃い人生といえる。「生きてよかった」と心から思えるように生きるには、1日1日、一瞬一瞬を「ど」がつくほど真剣な態度で生きなければならない、と稲盛氏は言う。

いいときでも辛いときでも、「ど真剣」に物事にぶつかっていく。その気迫が積み重なって人間の価値となり、人生を実り多くしてくれる。「まだ本気になる段階じゃない」「これは私の仕事じゃない」などと真剣さを出し惜しむ〝賢さ〟よりも、愚直に真っ正面から取り組む熱意がチャンスと成功を引き寄せるのだ。

知識を体得して創意工夫する

したがって、知識をただ頭で知って「できる気になる」のは危ない。マネジメント論やマーケティング論、世界中の成功事例などに詳しく理屈に長《た》けていることが仕事力だと思っている人がいるが、深刻な勘違いだ。

本当に仕事ができるようになるには、経験が必要。仕事を一生懸命やって「体で学ぶ」ことで、初めて理屈を活かすことができる。

必要なのは、創意工夫だ。「これでいいのか」と、毎日ど真剣に考えて改善する。毎日1人で考えるのに限界を感じたら、周りの人から知恵をもらえばいい。謙虚に知恵を取り入れ、工夫を続ける。

京セラは技術力が高いといわれるが、技術が初めからあったわけではない。会社の成長にはつながらないと思えるほど小さな工夫の積み重ねが、何年か先に会社を変えるほどの大きな成果になるのだ。

人生に「ど真剣」に挑む

ど真剣

- 自分の存在価値を信じる
- 燃えるような熱意と情熱を持ち続ける
- 1日、1時間を大切に使う
- 要領よりも、愚直に取り組む
- 真っ正面から全力で挑む
- 困難から逃げず、自分を追い込む

→

人生に訪れる変化

- 結果がついてくる
- チャンスが生まれ、成功が近づく
- 微かなヒントにも活路を見出す
- 人間として磨かれ、実りも多くなる
- 心に描いた通りの人生になる
- **人生が熱いドラマになる！**
  （＝1回限りの人生を自分にしか生きられない充実した時間として味わい尽くす）

従業員の幸福と社会への貢献を同時に目指す決意

京都セラミック株式会社を28人の同志で創業したわけですが、大変なことを始めてしまったことに気がつきました。と言いますのは、私たち技術屋８人は、自分たちの技術が世に認められるかどうか試したいと考え会社を始めたのですが、従業員たちは、名もない会社であっても自分の一生を託そうと思って入社してきたわけです。

日本の社会システムでは、企業というのは人々が生活の糧を稼ぎ、それを通して一生を託していく場であるのに、それを経営者が自己を試す場と考えているというのは、従業員にとって非常に不幸なことです。そこに入社してきた人は将来ひどい目に遭うかもしれない。

これに気づいたとき、大きな責任を負っていることを強く自覚しました。日頃から従業員の人たちには「いまは小さな会社だが、一生懸命頑張ってもっと立派な会社にするんだ」と言っているわけです。それを聞いて、みんな期待しているのです。それなのに私は、経営の基本として自らの技術を試してみたいと考えている、これがいかに恐ろしいことであるか。私は「会社とは、どういうものでなければならないか」ということについて、真剣に考えさせられました。

そして考えた末、経営理念を「全従業員の物心両面の幸福を追求すると同時に、人類、社会の進歩発展に貢献すること」としようと思ったのです。会社で働く社員はもとよりその家族を含めた人たちの生活を守り、幸せな人生を送ってもらうことを経営の目的としたのです。また、私たちの技術をもって新しい技術を開発すれば人類の進歩に貢献できるでしょうし、会社が発展し利益が上がってくれば税金としてその一部を国および地方自治体に納め、それが予算として公共の福祉等に使われていくのです。

（出典：1982年3月26日　京セラ大卒新入社員教育での講演より）

Chapter 4 判断力・決断力を高めるには?

——より大きな「善」を意識する

仕事の判断基準を目先の損得に頼っている人は、
いくら結果を出し続けていても、稲盛和夫なら一流とは見ないだろう。
本当に優れた人は、より大きな文脈で、相手にとっての利益を考える。
それが将来、大きな自分の成功にもつながっていくのだ。

カタン
カタン
カタン。。。
第一印象で好感度を上げるには
まんがでわかる 超一流の雑談力
カタン
笑顔プラス少し高めの声で挨拶するとよいか…
パタン
まんがでわかる 超一流の雑談力
名前が張り出されるのって気持ちいい
♪
ピピ
今日はもっとテンション上げていくか!
私の時代は近い
なんてね
あとは合宿の泊まり先かぁ…
先輩たち希望を聞いたら好き勝手言ってたよなぁ
「質素でいいからがっつり練習できる合宿所にしよう!」
「俺金ないからよろしくね」
「連泊するんだからキレイで施設が充実したところがいいなあ」
温泉とか飲食店とか…
¥500
ハイボール
¥600
こっちもなんとかしないと…

いい？ちゃんと断るんだよ！
？
でないとあんたダメになるよ！
あ
おはようございます
うんおはよ
春香…
あ夏実
有紀さんと何かあったの？
別に
「今日は先に行く」って言ってたけどいまのことと関係あるの？
なんでもないよ
お先

まいっか
私は私の仕事がある
今日もお客さんは少ないけどがんばっていこう
はい!
今日こそ上位に食い込むんだ!
どの選手が好きなんですか?
座席はいつもこの辺なんですか?
ちょうだい!
ありがとうございます
いい感じで回ってる——
こういうときこそ会話の練習をしたりお客さんの優しさに気がつけたりする…
結果を出して初めて見えてくるものがあるってことか
ペコ
……
スッ

いつもより早いペース
今日はいけるか？
ダッ
!
ちょっと！気をつけてよ
すすみません
せっかくいいところなんだから…
はい！ただいま
タッ
ズルッ
?
あぶなかった…
昼にローラースキーでがんばりすぎた…？
まいっか
どうぞー

ビール
いかがですか～
この回で
この樽を空けて…
お代わり
いかがですか！
ちょ
ちょっと待って
もう少し
後にしてくれる
ちぇっ
せっかくわざわざ
こっちまで
回ってきたのに…
ビール
いかがですか～
タタタ
ズキッ
！
バシャ

す
すみません！
服
濡れません
でしたか？
おい
気をつけろよ！
見て見ぬフリ
あ
ちょっと
はい？
なんです？
マキさんに言って
モップを持ってきて
くれない？
……
はいはい
申し訳
ありませんでした
すぐにここは
掃除しますから
当然だろ
頼むよ…
失敗
失敗
早く忘れて
切り替えていこう！
お疲れさまです
お疲れ
さっき
転んだでしょ？
向こうから
見えたよ
え？
本当ですか？
大したことは
ないですけど

お客さんの方は大丈夫だった？
ええ なんかツンケンした人で
……
足大丈夫なの？
ええ なんとも ちょっと部活で練習しすぎたみたいです
ふーん…絶対無理しちゃだめだからね
お願いします！
夏実！おかえり！
さっきはすみませんでした こぼしちゃって…
いいって まだ行けるんでしょ？切り替えていきなよ
はい！

ぐっ
ぐっ
うん
行ける
それより
売ってかないと!
スキー板とウエア
買い替えちゃおう
かな～♪
次の日
光明館大學
では
今日の講義は
ここまで
レポートの提出を
忘れないように
ズキン
ぐっ……
夏実
大丈夫?
う
うん
普通に
歩けるし
いった～
昨日は帰ってからも
平気だったのに
起きたら急に……
軽く
ひねったくらいで
なんなの

マキさんに
バレないように
しないと…
…なんとか
なりそう
あ
お疲れさまです
お疲れさまです
せっかく
いい感じなんだし
それに……
売上デイリー
津賀 有紀
中田 みな
住谷 千冬
鈴木
え？

私の名前がない！
なんで…
ビール売上デイリーランキング
やっぱりあのせい？
ケチがついた！
みんなおはよう
おはようございます
私から
昨日もらったクレームについて共有したいと思います
ドキ
……
「売り方が押しつけがましくて不快だった」というお客さまの声がありました
積極的なのはいいですがお客さまが飲み終わる前に売りつけるようなやり方はブランドイメージにも悪影響です
気をつけてください
な〜んだ私のことじゃなかった
さ
切り替えて今日もがんばっていこう
ほっ
はい！

ズキ
っつ…
ヒソ…
……どっか痛いの？
い、いえ大丈夫です
そうならがんばりな
ぽん
今日で今月の試合は終了だからね
しっかり売って！
はい
トップ10に返り咲くんだ…
それに……
今月の皆勤賞は……
有紀と夏実の2人だけだね
こっちも落とせない
ラストスパート頼むね
はい！

春香
あんたは今日はこっちをやって
え…?
なんでかわかるよね?
キッ
…最低
スッ
わかってくれるといいんですけど
…だね
次 夏実!
ぐっ…
ズキッ
……
い 行ってきます

なんとか
ごまかせた
少し痛むけど
テーピングが効いてる
禁煙
クリアカップ
重さにも慣れてきたし
膝立ちにならないように
動けば…
このまま
落ちるのだけは
絶対に…
夏実
グイッ
貸して
有紀さん
何を…
いいからそれ
私が背負う！
離してください！
もう
なんなんですか！
マキさん
この子
今日はダメだ
〝補欠〟の子
まだ帰してないでしょ？
誰かと代えて
あげてください
……
私
やります！
マキさん
やらせてください
私がやるって
言ってるん
ですから…

トンッ
ヨロッ
…つっ……
そんな状態でスタンドの上り下りなんてできるはずない
この仕事を舐めんじゃないの
舐めてません！真剣です
だからこそやるって言ってるんじゃないですか！
絶対にダメだ
有紀さんに言われる筋合いはありません！
……わかった
それじゃ──
有紀の言う通りだ
そんな状態では仕事は任せられない
今日はもう上がっていいよ
そんな…
有紀
その樽で行ってきて
はい
その気合いは嬉しいよ？
だけど有紀に感謝しなさい

「いいから
今日は帰りな！」
なんで
あんなこと
言われなくちゃ
いけないのよ！
ドン
！
ちょっと！
あっ
き
菊池さん……
ああ
坂本さん
大丈夫？
今日は
残念だったね
憤懣《ふんまん》やるかたなし
といったところか
いえ…
別に…
津賀さんは高校で
このアルバイトを
始めたときは
おどおどした子
だったんだけどね
いまや売り子たちの
憧れの存在だ
あれなら就活でも
ひっぱりだこだろうな
へ～

君だってどこかで彼女を目標にしているんだろう？
……
ときに厳しくときに温かく
リーダーに必要な人間性を彼女は備えつつある
大分悪そうだね
いえそんなことは……
坂本さんは最近好調だったから気持ちはわかるけどね
でもそもそもなぜそんなケガをしたんだと思う？
え？
ていうかちょっと足を滑らせただけで…
つまり単なるアクシデントだ…と？
ええまあ
私にはそうは思えない
これは君にとって試練だと思うよ
そんな大げさな
すぐ治しますし

なぜそんな不注意が起きたのか、だよ
お客さんにも迷惑をかけただろう?
それは……
ミーティングでは言わなかったけどあのクレームは君のことだよ
名指しだった
「売り方が押しつけがましくて不快だった」
え…?
最低…
誰が?
お客さんが?
君が?
……
要するに仕事が雑になっていたんじゃないのかってこと
でもあれくらい誰だって
うまく事が運んでいることへの驕《おご》りはなかった?
今日だってそのくらいのケガならがんばればなんとか乗り切れると思ったんだろう?
仕事を甘く見ている証拠だ
そんなつもりはありません
でもね
成功したときこそ人は目が曇るものなんだ
うまくいっていたことが私にとって試練だったということですか?
そう
結果に酔いしれて丁寧さを欠いていた
それが昨日の失態を呼び今日の判断ミスを生んだんだ

試練とは苦難だけをいうのではありません。
成功もまた天が人に与える試練なのです。
一時の幸運と成功を得たとしても、決して驕り高ぶらず、
謙虚な心を失わず、努力を続けることが大切です。

——『人生の王道』 p.52——

虫歯がたくさんできるし健康にも悪い
我慢のできない性格も身についてしまう
……
19:58
「子供の笑顔が見たいから」という親の気持ちは私もよくわかる
だがそれは結局私欲なんだよ
私欲……？
「嫌われたくない」「懐かれたい」みたいな親のエゴ
直感に任せると人はどうしてもそういう方向に流れていってしまう
だけどそこで踏みとどまって子供にはときに「ダメ！」と叱って教えてやらなければならない
ええ…
そのおかげで子供は自制心や自律心を身につけることができる
巡り巡って子供ともいい関係を築けるはずさ
人間関係の基本は、愛情を持って接することにあります。
しかし、それは盲目の愛であったり、溺愛《できあい》であってはなりません。
…真の愛情とは、どうあることが相手にとって本当によいのかを
厳しく見極めることなのです。
──『京セラフィロソフィ』 p.373～374──
…つまり有紀さんは私のために大善をとった…

そう
津賀さんは君のことを本当に思っていたから君を止めたんだ
どうでもいい人なら「やりたいようにやらせてあげなよ」と言っただろう
その方が気楽だしそれなりにいい格好はできるわけだから
……
彼女には真の思いやりがあった
いわゆる「利他」だ
利他…？
簡単にいえば他者のためを思ってとる行動のことだよ
目先の優しさじゃないさっきの津賀さんみたいなね
本当の…思いやり…
彼女の選択が最適だったとは限らないよ？
君の不調を昨日から知っていたならそのときに止めるべきだったかもしれないし
好調で浮かれていた君に気を引き締めるようにアドバイスできたらケガをしなくて済んだかもしれないから
クリアカップ
クリア
INAH
BEE
その人の視点の高さ、視野の広さによって「真の思いやり」の内容は変わってくる
「他人のための行動」に正解はないってことだね
はい……

自分が自分が、という利己ではなく、相手のため、従業員のため、社会のためと、
考え方を利他に変えれば、他の人からの信頼と協力が得られ、
事業だって人生だって、必ずうまくいくはずです。
…そのような行動に努めていけば、周囲にとどまらず、天もまた味方し、
「天佑」を授けてくれる。だからこそ事は成就するのです。

──『人生の王道』 p.84 〜 85 ──

※ビールの売り子はお客さんから物品をもらったり奢ってもらったりしてはいけません！

Chapter 4

よりよい道を常に探し続ける

「本当に相手のためになることなのか？」を判断基準にする

普段は理性をもって物事を考えるのに、判断を迫られるときには損得勘定や好き嫌いで決めてしまう人は多い。切迫した場面では、自分の肉体を守ることを優先する本能が出やすいためだ。本能に頼ると自分勝手になりがちで、正しい判断をするのが難しいし、正しい判断で成功しても長続きしない。

判断を下す際は、「本当にそれが相手のためになるのか？」という基準が大切。「利他の心」、つまり、自分を犠牲にしても、まず他の人のためになる選択だ。

といっても、実践するのはそう簡単ではない。相手を喜ばせることが、かえってその人には害悪となってしまう場合もあるからだ。目先の利他（小善）よりも、長い目で見た利他（大善）を優先する勇気が必要。小善とは、その場での相手の幸せだけを考えること。例えば、子供が欲しがるものをすぐに買い与えれば、その瞬間は喜ぶが、自分勝手な大人に育ってしまい、将来、本人が苦労することになる。長い目で見れば、小善は罪にさえなり得るのだ。

一方、大善は長い目で相手の幸せを考えること。子供に厳しく我慢を教えれば、その瞬間は非情に見えるが、自制心のある人間に育つ。トータルで見れば子供の幸せと、あなたの功徳《くどく》へとつながっていくのだ。

目的意識で観察力を高める

判断力を鍛えるには、判断材料を的確にすくい上げる力を高める必要がある。そのためには、「目的は何か」をいつも真剣に意識していることが重要だ。ビジネスの判断は、ときに厳しくときに温かく、あるいはときに大胆に、ときに細心に下す必要があるが、いずれにしても、些細な変化から問題の核心をいち早くつかみ取る注意力がものを言う。目的意識が高い人は、そうした注意力が持てる。気を込めて現象を見つめ、能動的に物事に注意を向ける「有意注意」が当たり前になっているからだ。有意注意の反対は「無意注意」。「音がした方を向く」といった受動的な注意の向け方だ。

忙しくとも、常にセンサーを全開にし、有意注意で人の話や数字の変化に向き合おう。それが先手で動くことを可能にし、大プロジェクトでの成果につながっていく。

小善を捨て、大善を取る勇気を持つ

小善 とりあえずその場は丸く収まる簡単な目先の利他

例：お菓子を欲しがる子供にすぐ買い与える

↓

買えば丸く収まるから簡単だが、わがままで自己主張ばかりの人間に育ってしまう

＜

大善 厳しさや勇気、工夫を必要とするより深い利他

例：お菓子を欲しがる子供にときには我慢を教える

↓

子供と向き合って言い聞かせるから大変だが、自制心や自律性のある人間へと導ける

「どんなやり方が、本当に相手のためなのか？」を常に問うことが本当の思いやり（利他）

➡「思いやり」に正解はなく、人間として磨かれていくことでその内容はより深まっていく

「世の中のため」との純粋な思いが成功をもたらす

私は第二電電を立ち上げたとき、従業員たちを集めて、こういうふうに訴えています。「国民のために通信料金を安くしようではないか。そんな高邁《こうまい》なプロジェクトに参画することは、皆さんの人生を意義あるものにするはずです。100年に１度あるかないかという、この一大社会改革が行われる瞬間に居合わせた幸福に感謝し、何としてもこの壮大な計画をやり遂げていこう。それは社会のため、国民のためになることなのだから。」(中略)

第二電電を含めた３社は、市場で激しい戦いを繰り広げることになるのですが、実はサービス開始直後から、最も不利であるはずの第二電電が市場を圧倒的にリードしていったのです。それは大義名分、ミッション、使命があり、それをもとにして第二電電の全従業員が強い熱意で回線獲得に尽力してくれたからに他なりません。また、そのような第二電電の従業員たちの姿を見て、代理店やお客さまも全面的な支援をしてくださいました。

加えて言えば、(中略) 自然が、天が味方をしてくれたのではないかとも思っています。素晴らしい大義名分、素晴らしい使命感に満ちた行為に対して天が賛同し、それを助けてくれたのではないかと思うのです。結果、新電電３社の間に圧倒的な差がついてしまい、JRは日本テレコムを売却してしまいました。道路公団、トヨタがつくった日本高速通信も、現在ではKDDIに吸収されています。

技術があり、資金があり、信用があり、営業力がある。すべての条件が揃っていたはずの２社がうまくいかず、安価な通信料金を実現し、国民の方々に喜んでもらおうという大義名分を持っていた第二電電だけが成功した。そして今もＫＤＤＩとして隆々と成長発展を続けている。これも大義名分、つまり使命、ミッションを持った結果、それが強大な力へと変わっていったということを証明する事象であろうと思います。

(出典：2012年12月11日　盛和塾西日本忘年塾長例会より)

Chapter 5

期待以上の成果を挙げるには?

——自分の可能性を信じ抜く

新しいことを成し遂げる人の多くは、初めからやり方を知っていたわけでも、
確かな勝算があったわけでもない。ただ「やりたい」と願い、
自分の可能性を信じ続けたにすぎない。
思いの強さを手に入れた者だけが先駆者になれるのだ。

ぐっ
よし
もう踏ん張れる
ぐっ
せっかくの樽デビューだったのですが
不本意なシーズンに終わってしまいました
樽を背負って
足を滑らせ
膝をひねってしまい
全治２週間の亜脱臼
歩けるようになった後も
大事をとって「缶もの」を
担当している間に
シーズンが
終了してしまったのです

ペコ
パシャ
スッ
パン
パン
ちょっと気が早いけど…
来シーズンはビール樽に戻ってたくさん売れますように
ここって縁結びのパワースポットで有名なんだよね？
うん
「いい人が見つかりますように」ってお祈りしていこうよ
おみくじ

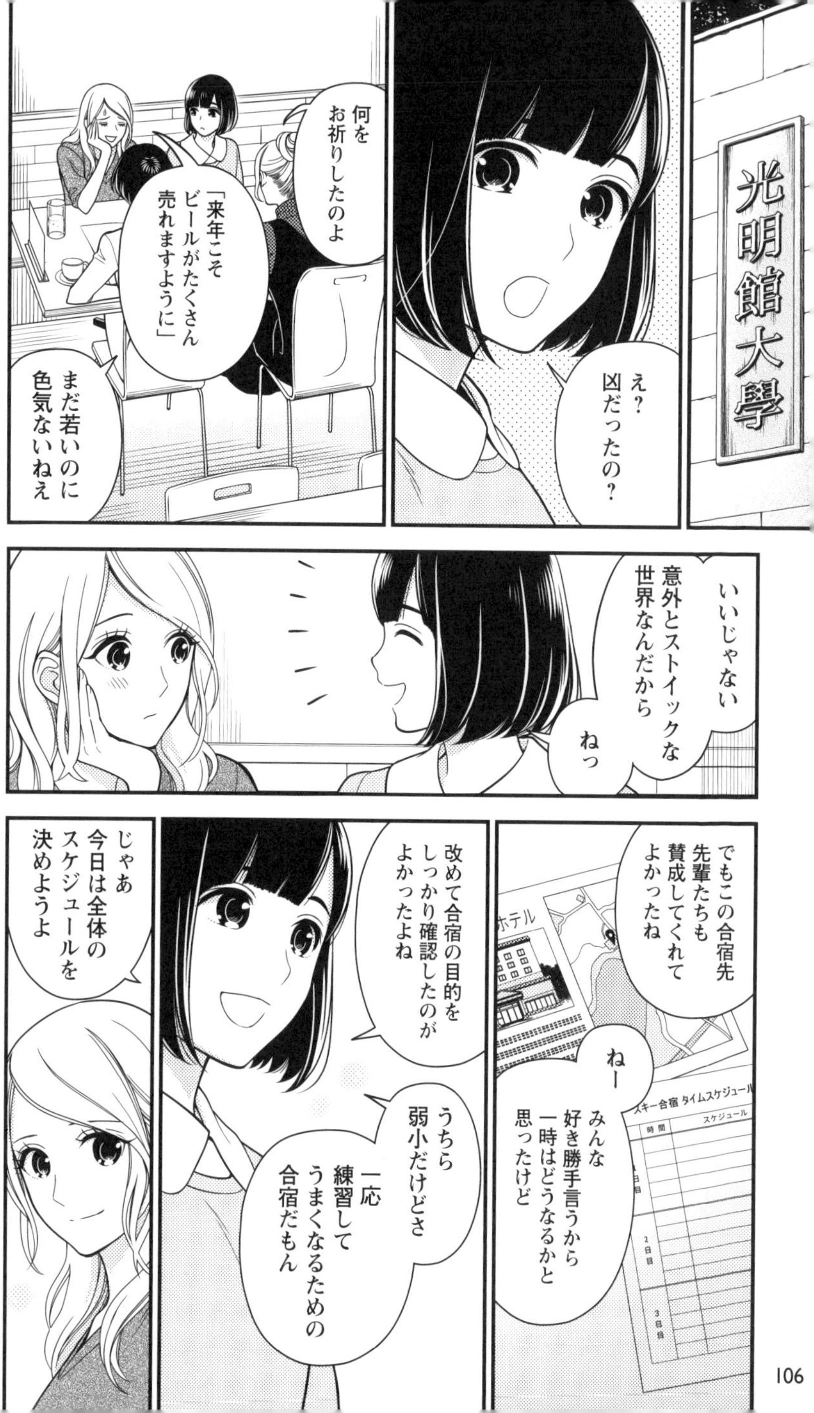
光明館大學
え？凶だったの？
何をお祈りしたのよ
「来年こそビールがたくさん売れますように」
まだ若いのに色気ないねえ
いいじゃない意外とストイックな世界なんだから
ねっ
でもこの合宿先先輩たちも賛成してくれてよかったね
ねー
みんな好き勝手言うから一時はどうなるかと思ったけど
ホテル
スキー合宿 タイムスケジュール
時間
スケジュール
改めて合宿の目的をしっかり確認したのがよかったよね
うちら弱小だけどさ
一応練習してうまくなるための合宿だもん
じゃあ今日は全体のスケジュールを決めようよ

春香は
わかってくれたのです
ビールの売り子という
仕事の目的は
あくまでビールを売り
楽しく試合を
見てもらうこと
立場を利用して
お客さんからプレゼントを
もらったりして
いい思いをするようなことが
あってはならないことを……
そういう浮ついた態度は
一生懸命仕事に打ち込む
私たちの思いを汚す、
ある意味
裏切りでもある
「私なら
そんな不純な動機の人と
同じ現場にいたくない」
有紀さんのセリフが
春香の胸に
刺さったのでした
「一緒に
がんばろうよ」
有紀さん…
ん？
誰？
ううん
なんでもない
ほら
夏実も一緒に
考えよう
うん

有紀さんは私たちに2つのお土産を残していってくれました――
あ～今年の試合はこれで最後か
来年はせめてAクラス入りしてほしいよ
ベテランの高橋も引退だしなあ
こっちも今日で見納めだ
チューハイ
·レモン
·モモ
·うめ
¥500
でもこれだけの人が見送ってくれるんだ
いい選手人生だったんじゃないか?
だね
あ すいません
ください
はーい
ありがとうございます

有紀さん
今日で終わりなんですね…
うん 試合ももう5回だ
もっと有紀さんからいろんなこと教わりたかったです
おーい有紀ちゃん
はい!
それ新樽?
はい いま替えてきました
じゃあこれ
やっと全員揃ったから
ぎょっ
いいんですか?
ああ 記念だから
ありがとうございます!

樽買い…
初めて見た…
4回生だから今日で終わりだろ?
なら伝説つくっちゃえ
じゃあすぐまた来ましょうか?
ちょっと待って
飲み終わるのに俺2回はかかる
俺なんかノルマ2杯だぞ
あははははは
心でつながっているんだ…
ううん
有紀さんがみんなの心をつかまえたんだ
私も…いつか…
あんなふうに…

日別売上集計表
名前
売上数(樽)
有紀
鈴木　彩
夏菜子
ピッ
思い出と新記録——
それが有紀さんが私たちに残してくれたものでした
あのとき有紀さんに少しでも追いつくために
私もがんばるぞ!と思ったのですが…

やることがない…
はぁ…
夏実！
はやく！
はっ
ドームでのビールの売り子の仕事は試合シーズンだけ……
いま私にできることなんてないんだよね…
よし全員揃ったな
じゃあ次は上級者コースにチャレンジしてみよう

ビュオオオオ……
こ ここを…… 降りるんですか？
2回生でも技術的にはクリアできると思う
リラックスした気持ちで身についたものが発揮できればね
そ そんなこと言ったって……
ね、ねえ 肝心のその気持ちが……
夏実 行けそう？
……
よし じゃあみんな
まずはこの斜面をじっくりと眺めてみて
そのまま目をつむって
……どう？ 自分がこの斜面を降りている姿がイメージできる人
その人は行って

シャッ
他の人たちは もっと具体的に イメージしてみよう
……はい みんなから離れて スタンバイしました
斜面を 見下ろしました
風が 吹いているのが…… やんだ
さあ スタートしたよ
体をかがめて 加速……
重心を移して ターン
またターン
今 膝の内側は どうなってる？
腕の位置は？ 肘の角度は？
頬に当たる 風の強さ 冷たさは？
風切り音 雪を蹴る音…… 他にどんな音が 聞こえる？
体重を右左に しっかり 踏み替えて……
その調子で どんどん 降りていくよ
……はい 下まで着きました
目を開けて
どうかな？ 少しイメージが 湧いたかな？

スキーのコースには個性があって同じものは1つもない
攻略のコツに共通して言えることは成功したイメージをしっかり持つこと
自分がカッコよく滑り降りるシーンを具体的に想像するんだ
どう？わくわくしてこない？
このイメージをリアルに持てれば恐れや心配は消えて「やりたい！」という気持ちが強くなっていく
体も自然と動くから多少の凸凹なら無意識に技術が生きるはずだよ
さあ行けそうな人は行ってごらん
ゆっくりでいいから
ポテンシャルは持ってるんだよ
夏に練習してたんだから
シャッ
あとはイメージの問題
よよし
私も行ってみる
ザアッ
！
お！

ズシャッ
あ～
失敗！
よかったよ！
その調子
その調子！
君は
どうする？
……
私は…
まだイメージが
湧かないです
そうか
なら無理は
しなくてもいい
また明日
挑戦しよう
ポテンシャル…
膝のケガで
しばらく練習
できなかったせいだ…
夏の間に
体力とか技術とかを
つけておければ
それをいま
生かせたのに…
あ
そうか…

やることあった……
ここから…
たんっ
たんっ
こう
すた
すた
やっぱり…
普通の歩き方で
上体をねじると
かえって疲れるんだ
樽が揺れて
中のビールが揺れる…
泡だってしまう
だけでなく
それが
体力の消耗にも
つながってしまう
体の揺れ
ビールの揺れ
上体の揺れが
大きくなり、
体力をロス
あとは……
手さばき
有紀さんは
こう……
片手でカップを
2つ持ってた
帰りにコンビニで
カップ買ってこうっと

☆体力・体の使い方
⇒神社でトレーニング
☆好感度＝第一印象
リピートしてもらう
⇒表情、視線、トーク力
（メンタリズム？＝観察力、とか
おすすめの仕方とか）
☆遠くから見つけてもらうには？
目印⇒シュシュ？バッジ？
形は？光ものがいい？
有紀さんも…
いろいろ工夫してたんだよね
物事を成し遂げていくもとは、才能や能力というより、
その人の持っている熱意や情熱、さらには執念です。
…もうダメだ、というときが本当の仕事の始まりなのです。
強い熱意や情熱があれば、寝ても覚めても四六時中そのことを
考え続けることができます。
それによって、願望は潜在意識へ浸透していき、自分でも気づかないうちに、
その願望を実現する方向へと身体が動いていって、成功へと導かれるのです。
――『京セラフィロソフィ』 p.270――
ならば私は……

仕事において新しいことを成し遂げられる人は、
自分の可能性を信じることのできる人です。
…人間の能力は、努力し続けることによって無限に拡がるのです。

何かをしようとするとき、まず「人間の能力は無限である」ということを信じ、
「何としても成し遂げたい」という強い願望で努力を続けることです。

――『京セラフィロソフィ』 p.250 ～ 251 ――

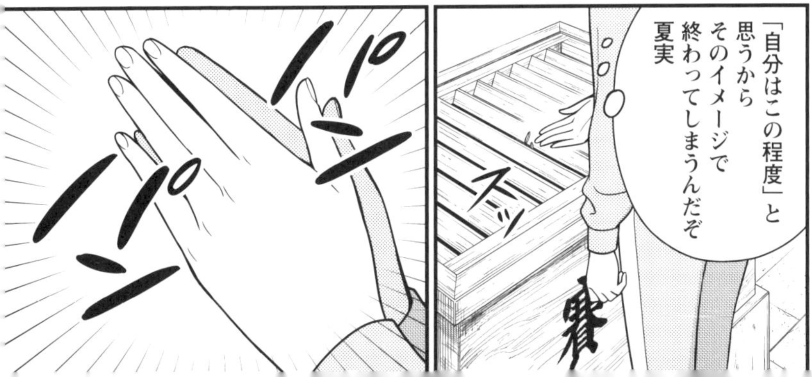

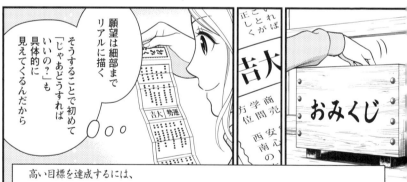

高い目標を達成するには、
まず「こうありたい」という強い、持続した願望を持つことが必要です。
…純粋で強い願望を、寝ても覚めても、繰り返し繰り返し考え抜くことによって、
それは潜在意識にまでしみ通っていくのです。
このような状態になったときには、日頃頭で考えている自分とは別に、
寝ているときでも潜在意識が働いて強烈な力を発揮し、
その願望を実現する方向へと向かわせてくれるのです。

――『京セラフィロソフィ』 p.240――

タッ

Chapter 5

「絶対にやり遂げる」という誓いと決意を自らに刷り込む

楽観的に構想し、悲観的に計画し、楽観的に行動する

稲盛氏によれば、これからの世界のビジネス競争において、過去の繰り返しや前例を真似るだけの人は通用しない。競争を生き抜くには、習った知識を活かして創造性や独自性を発揮することが必要だ。誰もが「自分だけの方法」を見つけ出す意識を持たなければならないのだ。

それがまさに京セラの開拓の歴史。稲盛氏が開発したファインセラミック技術をはじめ、京セラは半導体部品や電子部品から太陽電池まで新しい技術を生み出し続けてきた。稲盛氏によれば、新しいことを成し遂げるには、楽観的に構想し、悲観的に計画し、楽観的に実行することが大事だという。

新しいことをやる際に困難はつきもの。だが自分で壁をつくったら夢は持てない。「何でもできる」と無限の可能性を信じて、とてつもなく楽観的にアイデアを出して構想を練るといい。ただ計画段階では逆。小心者となり、ネガティブに何でも心配する。懸念事項をすべて書き出し、細かい準備や対策の積み重ねを繰り返す。

そして実行段階では再び楽観的に戻る。悲観的だと何かで計画が狂うと「やはり駄目だ」と落ち込んで先に進めなくなるからだ。「何とかなるはず！」と楽観的に考えて、実行する方がいい。

潜在意識に「できる！」のイメージを刷り込む

人には、自分で感じる顕在意識と自分では気づかない潜在意識がある。頭では仕事のことを考えているのに、事故らずに車を運転できるのは潜在意識のおかげだ。

潜在意識は顕在意識の何十倍もの容量があり、活用できると、自分でも驚くほどの成果を導ける。仕事で潜在意識を活かすには、とにかく多く仕事の経験を蓄積すること。仕事を好きになり、寝ても覚めても仕事のことを考え続けていると、潜在意識へ思いが浸透していくのだ。すると、顕在意識では、すべてをやり尽くした手詰まり状態に思えても、潜在意識は常駐ソフトのように働き続け、不意に新しいやり方がひらめくようなことが起こる。

人間には無限の可能性がある。そう信じて「必ずやり遂げる」という思いで打ち込み続けることで、潜在意識が働き始め、能力の開花が始まるのだ。

潜在意識にまで成功イメージを刷り込むと…

純粋で強い願望を持つ

「何としてもやり遂げたい」という強烈な思いを持ち、結果のイメージを細部まで明確にする

例：「人生をこう生きたい」
「仕事でこんな結果を出したい」

毎日継続して、強く意識する

潜在意識に願望が浸透。繰り返し“ど真剣”に考え続けることで、思いがけない場面でヒントを見出すことができるようになる

核心を突いたひらめきを呼び込む

素晴らしい着想が不意に訪れるようになる。単なる偶然に見える出来事でも、チャンスとして受け止め、プラスに活かせるようになる

心に描いた結果が実現！

強く持続した願望が実現していく。世界中の成功者の「成功パターン」を習得！

日本航空（JAL）の再生支援を決意させた3つの大義

私が最終的に（経営破綻した日本航空の）再建の任にあたることを承諾した理由は、次の３つでした。

まずは日本経済への影響です。日本航空は日本を代表する企業の１つであるだけでなく、衰退を続ける日本経済を象徴する企業でした。その日本航空が二次破綻し、再起できないという状況になれば、日本経済にさらに深刻な影響を与えるだけでなく、国民も自信を失ってしまうのではないかと危惧しました。しかし再建を果たすことができれば、あの日本航空でさえ再建できたのだから、日本経済が再生できないはずはないと、国民が自信を取り戻してくれるのではないかと考えたのです。

２つめは、日本航空に残された社員たちを何としても救ってあげなければならないという思いです。残念ながら、再建を成功させるためには、一定の社員の方々に職場を離れてもらわなくてはなりません。しかし二次破綻しようものなら、それだけでは済みません。全員が職を失ってしまうことになります。何としても残った３万2000名の社員の雇用だけは守らなくてはならないという、いわば利他の心で、私は再建を成功させなければならないと思ったのです。

３つめは利用者のため、いわば国民のためです。もし日本航空が二次破綻すれば、日本の大手航空会社は１社だけとなり、競争原理が働かなくなってしまいます。競争原理が働かなくなれば、運賃が高止まりし、サービスが悪化してしまう可能性が出てきます。困るのは国民です。複数の航空会社が切磋琢磨するからこそ、国民のために安価でより良いサービスが提供できるようになるのです。そのためには、やはりどうしても日本航空の存在は必要です。

日本航空の再建には、このような３つの意義、いわば「大義」がありました。この大義があるからこそ、私は日本航空の再建にあたろうと決意したのです。

（出典：2012年12月11日　盛和塾西日本忘年塾長例会より）

Chapter 6

越えられない壁にぶつかったときは?

——「本当の勝負が始まった」と奮い立つ

どんなに努力しても、行き詰まって先が見えない。
本気で仕事をしていれば、そんな日は必ず来る。だが、挫《くじ》けてはいけない。
誰もが「もう手がない」と諦めるその瞬間こそ、
あなたにしかできない仕事をものにするチャンスだからだ。

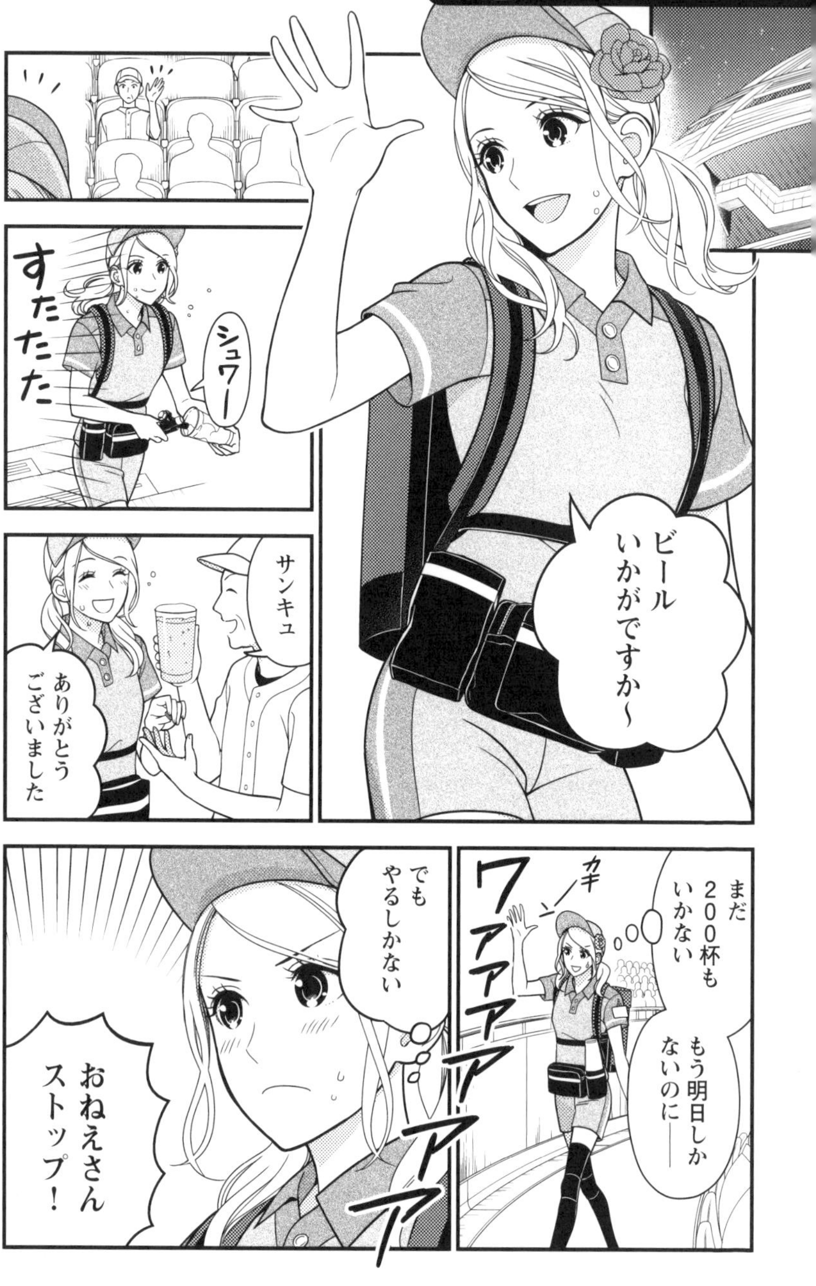
ビール
いかがですか〜
すたたた
シュワー
サンキュ
ありがとう
ございました
まだ
200杯も
いかない
もう明日しか
ないのに――
カキン
ワアアアアア
でも
やるしかない
おねえさん
ストップ！

ガコーン
ファウルボールに
ご注意ください
危なかった…
ありがとう
ございます
気をつけてね
ワァアア…
そうだ
試合の様子にも
気を配ってないと…

お疲れさまでした〜！
ビール売上デイリーランキング
どうしても13樽目が売り切れない…
あと一息なのに！
夏実お茶してこうよ
たたっ
うぅん
CAFE
今シーズンのエースは千冬ちゃんになるかもね
うん…

勉強優先って いつも言ってるけど 「せっかくなら ナンバーワンに なりたい」って 思ってると思うんだ
うん…
ナイターは講義には カブらないし 平日デーゲームも基本 春休みとか 夏休みだもんね
って夏実 聞いてる？
ずずず
うん…
……
あ ごめん なんだっけ
もう 売上の ランキングの話
あ ああ…

オープン戦で250杯？
どうしてもあと1樽半届かないんだよ
はぁ…
休み空け《ブランク》でその目標はムチャだよ…
やっぱり……そう思う？
うん
私は実際ビールを入れるのも売るのもうまくなったと思う
平均売上数は現に増えているし平均ランキングだって確実に上がっている

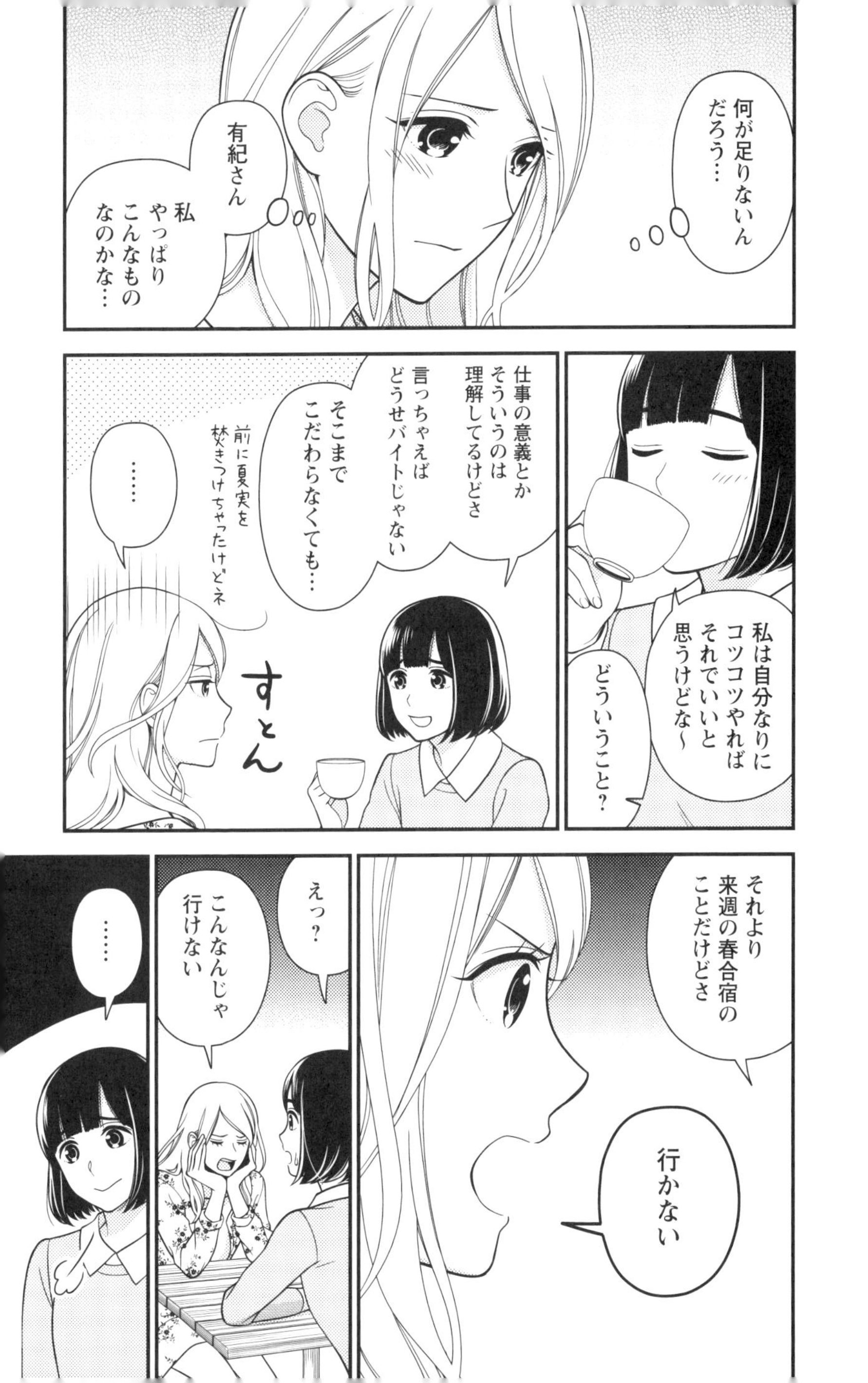
何が足りないんだろう…
有紀さん 私 やっぱり こんなものなのかな…
私は自分なりにコツコツやればそれでいいと思うけどな～
どういうこと?
仕事の意義とかそういうのは理解してるけどさ言っちゃえばどうせバイトじゃない
そこまでこだわらなくても…
前に夏実を焚きつけちゃったけどネ
……
すとん
それより来週の春合宿のことだけどさ
行かない
えっ?
こんなんじゃ行けない
……

ヴヴヴ
ヴヴヴ
着信中
実家
スライドして応答
ヴヴヴ
誰から?
多分親
はい
もしもし?
あ
お父さん?
どうしたの?
いますぐ帰ってきなさい
え?
いますぐ帰ってこーい!
坂本

俺は聞いてないぞ
どんっ
何のこと？
とぼけるな！
お前…あんなところで何やってるんだ！
本気でわからないんだけど
何怒ってるの？
夏実
あなた野球場であんなアルバイトをしてたの？
え？どうしてそれを？
テレビで見た
え？
……あ

み 見てたんだ
ああ BOWWOW《バウワウ》チャンネルでな
……
け、結構割のいいバイトなんだよ
大学ともカブらないし運動にもなるし――
すぐに辞めなさい
なんで！
なんで？愛想振りまいて酒を売るなんて学生のする仕事じゃない！
サイテー！ 偏見だよ！
偏見じゃない！
どうせバイト仲間だって浮ついた仕事に就きたい連中ばかりなんだろ？

そんなことない！
みんな工夫して一生懸命やってるんだよ？
試合を楽しんでもらうためのサービスじゃない
お父さんだってテレビ見ながらお酒飲むでしょ？
そういう話をしてるんじゃない！
じゃあどういう話よ
とにかくそういうアルバイトは許さん
やるなら塾の先生とか事務の補助とか……
そういうのにしなさい
お母さんはどうなの？
どうって……
夏実の気持ちは尊重したいけど水商売みたいなものでしょう？
ちょっと……ねえ
ひどい…お母さんまで……
そんなこと言ったら接客販売はみんな水商売になっちゃうじゃない！

翌日
ビール いかがですか～
どんより…
1杯くれる？
結局あの後「絶対に大学の成績を落とすな！」ってきつく言われて解放されたけど……
お父さん この仕事を完全に誤解してる
シュワワ…
ありがと
ありがとうございます
ニコ…
あ～あ
でも確かに所詮バイトだし 親に猛反対されてまで続けるものでもないか……
はぁ…

今日なんて 200杯すら クリアできそうに ないし
どうした 今日はペース 遅いじゃない まだ 5樽めだよ？
はい がんばりま～す
？
あ 夏実ちゃん
とぼ とぼ…
？

やっぱり 私には 高望みだったのかな～
今日はもう 負けたな
帰るか
9 R H E
9 12 0
1 3 0
TIME 2:16
バカみたい 自分に自分で プレッシャー かけてさ
私以外 誰も気にして ないのに…
カップ 残り1…
もういいや この樽を 売ったら 上がろ
おい あれ
あ 見てこうぜ

ピッチャー住吉に代わり
代打鶴見
背番号28
ワアアアアアアアア
鶴見ー
待ってたぞー
鶴見選手……
戻ってきたんだ……
TSURUMI

スパーン
スパーン
TSURUMI
スパァーン
ストライクアウト!
あーーっ
……

あっさり終わっちまった…
体のキレが戻るにはもう少しかかるのかもなぁ
あの人……
若手も調子いいからなぁ
交流戦あたりで復活できれば御の字かもな
ああ
まだ引退ってことはないだろうけど…
いや～ 復調次第ではわからないぜ？
辞め方にもいろいろあるからさぁ
三球三振なのに……
あの目……

成功するかしないかは、その人の持っている熱意と執念に強く関わっています。
何をやっても成功しない人には熱意と執念が欠けているのです。
体裁のいい理由をつけ、自分を慰め、すぐ諦めてしまうのです。
…成功するには、目標達成に向かって粘って粘って最後まで諦めずに
やり抜くということが必要です。

――『京セラフィロソフィ』 p.323 ～ 324 ――

私は恵まれてる
だって降りるのか降りないのか自分で選べるんだもの
プロ野球の世界は使い物にならなければ強制的に退場させられてしまう……
野球を続けていく道はあるかもしれないけれど第一線にとどまり続けることはできない
私の第一線はここだ
え なに？
あのドームでビールを売る
その仕事はあそこでしかできない
このアルバイトが私にとっての第一線なんだ
不成功者には、粘りがないのです。
うまくいかなかったときに、すぐ諦めてしまうのです。
…自分の中の固定化された常識を壊してみることです。
「自分はここまでだ」という頑固な固定観念が、
成功へ至る一線を越えることを妨げているのです。
──『心を高める、経営を伸ばす』 p.51──

今日は暑いね～
出し切ってない
ん？
私はまだ出し切ってない
と…思う
何のこと？バイトのこと？
春香
私もうちょっとがんばってみる
……うん！
私見てる

前略
前略
お父さんへ
私のアルバイトのことで、わかってもらいたいことがあります。
お父さんは「ビールの売り子なんて」と言ったけど、
この仕事は、多分お父さんが想像しているような仕事とは、全然違います。
この仕事には、いろんな意味があって、学ぶことがたくさんあると思うからです——
人は自分が信じてもいないことに、努力できるはずがありません。
強烈な願望を描き、心からその実現を信じることが、
困難な状況を打開し、物事を成就させるのです。
——『心を高める、経営を伸ばす』 p.49——
これでよし、と……
お父さんわかってくれるかなあ…

Chapter 6

熱意と執念で何度でも挑戦する

諦めなければ成功率は100%

京セラでは研究開発の成功の確率が１００％だという。成功の秘訣は、成功するまで諦めないこと。壁にぶつかったとき、できない理由を見つけて自分を正当化したり、自分には無理だと逃げたり、誰かに「妥協した方がいい」と助言されたなどと理由をつけて、諦めてしまうから成功に辿り着かない。諦めないために必要なのは熱意と執念。失敗を人や組織のせいにして安易な道を選ぶのではなく、ひたすら粘り続け、絶対にやり遂げようという闘志を持ち続けることだ。その姿勢は、狩猟民族が獲物の足跡を見つけたら、野山を何日も延々と追い続ける様《さま》に近い。

なかなか気持ちを強く持てないという人は、有言実行を心がけよう。「この案件は私がやります」と宣言してしまうのだ。すると、その言葉が自分の頭によぎり、前を向き続けるパワーとなる。自分との約束が生じ、責任感も芽生える。稲盛氏は顧客への営業で、他社ができないという仕事も「やります」と宣言して事業を開拓していたという。本当はできるかわからないのにできると宣言し、必死になったからこそ、京セラの技術力が高まった。熱意と執念があるからこそ、「できる仕事」が増えていくのだ。

「手がない」からが本当の勝負

そうは言っても、どれほど手を尽くしても、結果につながらないような状況に陥ることはある。多くの人がそこで「もうダメだ」と諦めてしまうが、稲盛氏の信条では「もうダメだというときが仕事の始まり」だという。普通なら諦めてしまうところで諦めないからこそ、追随を許さない成果を挙げることができるのだ。

そのためにも、仕事は資金や時間に余裕がある時点から、必死に取り組んでおくことが大切。相撲でいえば、相手に押し込まれ、俵に足がかかってから初めて必死になるのではなく、真ん中にいるときから本気で取り組む、ということだ。

さらに、仕事に信念を持つこと。信念がある人は「単に儲けたくて仕事をしているのではない」と思えるから、自分を励まし、挫けず粘り続けることができるからだ。

「もう手がない」からが、自分だけの仕事のチャンス！

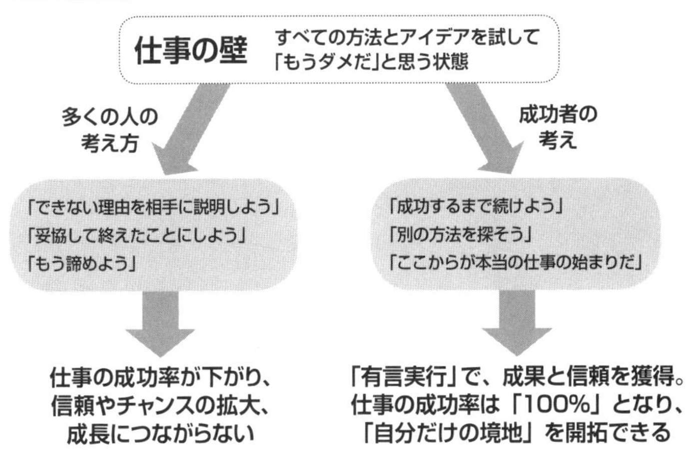
仕事の壁
すべての方法とアイデアを試して
「もうダメだ」と思う状態
多くの人の
考え方
成功者の
考え
「できない理由を相手に説明しよう」
「妥協して終えたことにしよう」
「もう諦めよう」
「成功するまで続けよう」
「別の方法を探そう」
「ここからが本当の仕事の始まりだ」
仕事の成功率が下がり、
信頼やチャンスの拡大、
成長につながらない
「有言実行」で、成果と信頼を獲得。
仕事の成功率は「100%」となり、
「自分だけの境地」を開拓できる

優れた研究者にスポットライトをあてる「京都賞」の設立

ＫＤＤＩを設立した同じ年の1984年には、稲盛財団を設立し、顕彰事業「京都賞」を創設しています。それは、「世のため人のために尽くすことが、人間として最高の行為である」という、私の人生観を実践するということが契機でありました。

また、「人知れず研鑽に努める研究者を讃えたい」ということがありました。かねてから私は、生涯にわたり営々と努力を重ね、業績はもちろん人格的にも優れた研究者がたくさんおられるにもかかわらず、そのような方を讃える機会があまりに少ないことを残念に思っていました。京都賞を通じて、そのような方々の労に報いたいと考えた次第です。

さらには、京セラが成長発展を遂げたことで、思いがけない私財を持つに至った私は、それを京都賞という形で社会に還元したいと考え、京セラの株式など私財約200億円を拠出し、財団を設立しました。その後追加して拠出したものを併せますと、現在それは約640億円となっています。

京都賞は、すべて「世のため人のため」ということが動機であり、私にとってはまさに社会貢献であると考えています。また、設立からおよそ20年を経過した今、大きく花開いていることに、私は深い感慨を覚えています。

（出典：2005年3月1日　サンディエゴ大学での講演より）

― 京都賞とは ―

1 科学や文明の発展、または人類の精神的深化・高揚に著しく貢献した人々の功績を讃える国際賞です

2 毎年、先端技術部門、基礎科学部門、思想・芸術部門の3部門で授与されます。自然科学だけでなく、思想・芸術をも加えた3部門としたことが、京都賞の大きな特徴です

3 候補者は、稲盛財団が年ごとに信任する国内外の有識者により推薦されます。そして選考は、各部門専門委員会・審査委員会、および京都賞委員会の3段階からなる京都賞審査機関によって行われます

4 受賞者は毎年6月に決定し、授賞式および関連行事は毎年11月に京都で開催されます

5 受賞者にはディプロマ、京都賞メダルおよび一賞につき賞金5000万円が贈られます

Chapter 7

運命を好転させる「考え方」とは?

——「心」を一生磨き続ける

人生を豊かで幸せな成功に導くものは、才能やスキル、地位や持ち物ではない。
「心の持ちよう」こそが、人生を文字通り左右する。
稲盛和夫が見出した「人生の方程式」は、
恵み溢れる運命を引き寄せる核心的な知恵といえる。

ビール
いかがですか～
夏実
チューハイ
¥500
ありがとう
ございました
ふう
ふふ……
随分
ソツなく
なったもんだ

夏実はここにいるんだな？
ん？夏実？
ええ
大体いつもホームチーム側の内野席を回ってるそうよ
よし
前略
お父さんへ
私のアルバイトのことで、わかってもらいたいことがあります。

お父さんは「ビールの売り子なんて」と言ったけど、
この仕事は、多分お父さんが想像しているような仕事とは、全然違います。
坂本
この仕事には、いろんな意味があって、学ぶことがたくさんあると思うからです。
ただいま
あなた夏実から
ん？手紙？
口で言えばいいじゃないか
この間のことできっと何かあるんじゃない？
私はこの仕事でたくさんのことを学びました。
高い目標を持つことの大切さ、準備、工夫、
そして諦めないことの大切さ。
何より、結果と向き合い、結果を引き寄せていく「思い」の大切さです。
あなたご飯の前にお風呂に……

「全部、自分次第なんだ」。
私は尊敬する先輩、後輩、そしてこの球場からそのことを教えてもらいました。
……いた！
ガタッ
おい見えねーぞ
お客さんやスタッフは私の鏡です。
笑顔で気持ちよくやりとりしたいと思って接すれば、多くの人が応えてくれます。
反対に相手を出し抜こうとか、ずるく立ち回ろうとしていると、
大事なときに支えてもらうことができません。
当然、それは仕事の結果にも響いてくるし、人とのつながりも変わってきます。

「心に描いたことが起きている」
それが私の結論です。
今まで何を成し遂げるために、どんな思いで、どんな行動を選択してきたのか。
それが結果となって表れるのが人生なんじゃないかな、と思うのです。
生意気だとは思ったけど、お父さんにならと、思い切って書きました。
そのうち球場にも遊びに来てください――
もう周りに迷惑よ
ああ
どうしたの？
ちょっと前までこんな小さかったのになあ
まあいつの話？
もう立派な大人ですよ
いや……まだまだ子供さ
おい母さんあれはなんだ？

ああ
贔屓《ひいき》の子には ああやって 樽ごとビールを 買ってあげる みたいですよ
歩合 なんですって
なんだと…！ じゃあ私も…
夏実！
おい なーつーみー！
ちょっと やめてください 私はもう 飲めませんよ
ちょっと待って
樽交換してきた！
どうしたの？ まだ 飲み終わってない——

にゅっ
どなたか 飲みませんか？ 私の娘なんです！
えっ？ 樽買い してくれるの？
樽買い だって
夏実ちゃんの お父さんだって
じゃあ私 もらって いいですか？
じゃあ俺も
私も～
さあ あなたもどうぞ
あ ああ ありがとう

どうだ？少し飲むかい？
言ったでしょ もう飲めません
そうか
この分はお小遣いでお願いね
え!?
今日は家計からじゃ…
知りません
がっかり…

行ってきます！
パン
NAHO
やあ
もらおうかな
前に
話したこと……
覚えてる？
え？

この宇宙にはすべて意志がある
その宇宙の意志と調和しながら精一杯努力すること
それがいい結果をよび込むことにつながるんだ……
そう話したよね？
ああ……忘れてました
まあいまの君に改めて説くまでもなさそうだけど
……え？
頭で理解してもできない人もいる
それに比べれば君は大したものさ
宇宙の意志……
いまならわかる気がします
闇雲にそれに逆らっても物事は進まない
多分そこに結果につながる秘密がある
そういうことですよね？

人生や仕事の結果は、考え方と熱意と能力の３つの要素の掛け算で決まります。

このうち能力と熱意は、それぞれ0点から 100 点まであり、これが積で掛かるので、能力を鼻にかけ努力を怠った人よりは、自分には普通の能力しかないと思って誰よりも努力した人の方が、はるかに素晴らしい結果を残すことができます。…考え方とは生きる姿勢でありマイナス 100 点からプラス 100 点まであります。考え方次第で人生や仕事の結果は 180 度変わってくるのです。

――『京セラフィロソフィ』 p.330――

そう信じて生きてみれば
必ずわかる日が来るんだ
話し込んじゃった
「もう一度下の方を回ります」
「わかった」
「じゃあ私はバックネット側を回ってくる」

こっちだ
あ　いい？
なんとなくだけど……
いまならわかる
夏実
「1回きりの人生をどう使うのか……
すべては君が決めるんだ」

「誰だって偶然この世に生まれたんじゃない宇宙で必要とされたから存在しているそういう感覚を持てるかどうかだよ」
つまり……すべてに必然的な……相応しい動きがあるってこと
「事をなした多くの人が同じようなことを言っているその世界観を信じて飛び込むかそこで立ち止まったままいるか……」

心が呼ばないものが自分に近づいてくることはないのであり、
現在の自分の周囲に起こっているすべての現象は、
自分の心の反映でしかありません。

ですから、私たちは、怒り、恨み、嫉妬心、猜疑心など
否定的で暗いものを心に描くのではなく、
常に夢を持ち、明るく、きれいなものを心に描かなければなりません。
そうすることにより、実際の人生も素晴らしいものになるのです。

――『京セラフィロソフィ』 p.355～356――

たった1回しかない人生を、生きがいに満ちた、素晴らしい人生だったと言えるものにしていこうと願うなら、自らの「考え方」を美しく、気高いものに磨き上げることに努めていかなければなりません。つまり、全人格的に優れているという意味での「全《まった》き人」を目指す努力をしなければなりません。

――『考え方』 p.28――

居酒屋
かんぱーい！
ぐびっ
ぷはーーっ
いやぁ今日は売ったね～
お父さん来てたんでしょ
2回も樽買いしてもらっちゃった
ふふふ
でもそれがなくても結構いってますよね？
多分…340杯くらいいかな？
すごい！
いや私なんかまだまだだよ
ね！

それでもすごい
どうやったらそこまで売れるんです？
この子にも教えてあげてください
私はいいって
まだ私たち缶ものだけどこの子ちっとも売れてなくて
そうなの
結果を出すコツ…ね…
ピク
うーん…
ひと言で説明するのは難しいなぁ
とにかく楽しむ、かな
え…？それだけ？
うん まずはね

でも所詮バイトだし…
そこ
そういう自分の考え方がつまらない結果を呼び込んでるんだよ
……
どんなときでも楽しくがんばる
そうすれば絶対いい方につながっていくと思うよ
そんなものかなあ
うん だって私がそうだもん
夏実さんを見ていれば間違いないよ
わかりましたやってみます!
ね!もうちょっとがんばろ
もう わかったってば

純粋な心を身につけることによって、
私たちは間違いのない人生を
歩んでいくことができます。
純粋で私心のない心、
すなわち人間として高い見識や見解を判断規準として
物事を決め、人生を歩めば、
その人の人生に
大きな潤いと素晴らしい結果をもたらすのです。
――『京セラフィロソフィ』 p.370 ――

Chapter 7

人生のすべては「心の持ち方」から始まる

能力よりも「考え方」で人生は大きく変わる

稲盛氏によれば、「人生・仕事の結果＝考え方×熱意×能力」という人生の方程式が成り立つという。

能力とは、生まれ持った資質のこと。頭のよさや運動神経などがあてはまる。知能や才能と言い換えてもいい。点数で表せば、０点から１００点まである。

熱意とは、仕事に対する思いや人生に対する真剣さなどがあてはまる。努力と言い換えてもいい。能力と同じように０点から１００点まであるが、持って生まれた能力と違い、点数を自分の意志で変えることができる。

考え方とは、心のあり方のこと。人間としての生きる姿勢であり、信念や人生観と言い換えてもいい。点数で表せば、マイナス１００点からプラス１００点まである。

３つの中で最も重要なのが考え方。熱意と能力がどんなに高くても、考え方がマイナスだと、全体として人生は悪い結果を招くこととなり、せっかくの熱意・才能も無駄に終わってしまう。

結局、人生は考え方次第なのだ。いかに才能に恵まれていても、悪い心で用いれば人生は暗くなる。動機が正しくても人を傷つけてまで成し遂げようとするなら、考え方がマイナスだから幸せにはなれない。

「考え方」を変えれば運命は変えられる

逆に、自分には能力（才能）がない、チャンスがないと不遇を嘆く人に、きっと稲盛氏なら「考え方をプラスに変えれば、誰だって運命は変えられる」と言うはずだ。

考え方をプラスに高めるには、「良い心」を持てばいい。稲盛氏によれば、「良い心」とは、常に前向きで建設的、仲間を尊重する協調性があり、明るく、肯定的であること。善意に満ちていて、思いやりがあり、優しいこと。真面目で正直で、謙虚で努力家であること。利己的ではなく、強欲ではないこと。〝足る〟を知っていること。感謝の心を持っていること。「悪い心」はこの反対だ。

100点満点だとして、あなたの「良い心」は何点くらいだろうか。スキルや資格を求めるだけでなく、心を育てることもこれからは意識していこう。

その毎日があれば、必ず運命は好転していくはずだ。

「考え方」が人生の根本を決定する

人生・仕事の結果 ＝ 能力（0〜100） × 熱意（0〜100） × 考え方（−100〜100）

例：能力は高いが、熱意は低く、考え方が普通の人

162,000 ＝ 90 × 30 × 60

例：能力は普通だが、熱意に溢れ、考え方が良い人

486,000 ＝ 60 × 90 × 90

例：能力も熱意も高いが、考え方が悪い人

−8,100 ＝ 90 × 90 × (−1)

「考え方をプラスに高める」ことが、人生・仕事の結果を大きく左右する！ ＝「心」を磨くこと

常に前向きで建設的。協調性があり、明るく、肯定的。善意に満ちており、思いやりがあって優しい。真面目で正直、謙虚で努力家。利己的ではなく、強欲でもない。“足る”を知っていること。感謝の心を持っていること

稲盛和夫

選り抜きスピーチ その7

経営者として、人間として成功するための「6つの精進」

私がまだ若かった頃、立派な経営をしていくために、また素晴らしい人生を過ごしていくためにも必要なものとして、「６つの精進」についてお話をしたことがあります。

「６つの精進」は、企業経営をしていく上での必要最低限の条件であると同時に、人間として素晴らしい人生を生きていくために守るべき必要最低限の条件ではないかと思います。いまからお話しする「６つの精進」を毎日実践し続けていけば、やがて自分の能力以上の素晴らしい人生が開けていくのではないかと思いますし、事実、私自身はそのようにして人生を歩んできました。

素晴らしい人生、幸福な人生、平和な人生を得たいと思うならば、また立派な企業経営をしたい、社員に喜んでもらえるような素晴らしい経営をしたいと思うならば、この「６つの精進」を忠実に守ることが大切です。

素晴らしい経営を行い、幸せな人生を生きることは、決して難しいことではありません。この「６つの精進」を守りさえすれば、むしろ易しいことではないかと、私は思います。

1　誰にも負けない努力をする
2　謙虚にして驕《おご》らず
3　反省のある毎日を送る
4　生きていることに感謝する
5　善行、利他行を積む
6　感性的な悩みをしない

（出典：2008年7月17日　盛和塾第16回全国大会より）

「経営の神様」稲盛和夫 年譜

西暦（和暦）	年齢※	稲盛和夫と京セラの歴史
1932（昭和7）	0	鹿児島市薬師町（現城西）に生まれる（1月21日）
1938（昭和13）	6	鹿児島市立西田小学校に入学
1944（昭和19）	12	鹿児島第一中等学校を受験するが失敗し、国民学校高等科に入学
1945（昭和20）	13	肺浸潤で病床にふせっている時に、『生命の実相』を枕元で読む。私立鹿児島中学に進学。空襲により実家を焼失する
1948（昭和23）	16	鹿児島市高等学校第3部（現鹿児島玉龍高等学校）に進学
1951（昭和26）	19	鹿児島大学工学部応用化学科に入学する
1954（昭和29）	22	不況による就職難の中、教授の紹介で、京都の碍子製造会社、松風工業へ就職が内定する
1955（昭和30）	23	鹿児島大学を卒業後、松風工業に入社。特殊磁器（ニューセラミックス）の研究に携わる
1956（昭和31）	24	日本で初めてフォルステライトの合成に成功
1958（昭和33）	26	上司である技術部長と技術開発の方針で衝突し、松風工業を退社。元上司の青山政次部長とその友人の西枝一江氏、交川有氏らの支援により、新会社設立を決意
1959（昭和34）	27	京都セラミック株式会社を創業
1961（昭和36）	29	高卒社員の団体交渉を機に経営理念を確立
1962（昭和37）	30	最初の海外出張で渡米
1963（昭和38）	31	滋賀蒲生工場を新設
1966（昭和41）	34	IBMよりIC用サブストレート基板を大量に受注し、多忙の最中、社長に就任
1969（昭和44）	37	鹿児島川内工場を新設し、半導体用セラミック多層パッケージを量産。米国に現地法人京セラインターナショナル（KII）を設立
1971（昭和46）	39	大阪証券取引所第二部、京都証券取引所に株式上場
1972（昭和47）	40	鹿児島国分工場を新設
1975（昭和50）	43	松下電器産業（現パナソニック株式会社）、シャープ、モービル・オイル社、タイコ・ラボラトリーズ社と合弁でジャパン・ソーラー・エナジー株式会社（JSEC）を設立し、太陽電池の開発を開始
1976（昭和51）	44	米国証券取引所へ株式上場
1979（昭和54）	47	トライデント社（電子機器メーカー）、サイバネット工業（通信機器メーカー）が京セラグループ入り
1982（昭和57）	50	サイバネット工業など四社を合併し、京セラとする
1983（昭和58）	51	カメラメーカーのヤシカを合併。若手経営者のための経営塾、盛友塾（現：盛和塾）が発足
1984（昭和59）	52	私財を投じて稲盛財団を設立、理事長に就任。通信事業の自由化にともない、電気通信事業に参入。第二電電企画を設立、会長に就任

※誕生日後の年齢で記載しています

1985（昭和60）	53	第一回京都賞授賞式挙行
1986（昭和61）	54	京セラ会長職に専任
1987（昭和62）	55	関西セルラー（携帯電話通信業者）を設立
1989（平成1）	57	エルコ（コネクタメーカー、現京セラ）を買収
1990（平成2）	58	総合電子部品メーカーを目指し、米国のAVX社(電子部品メーカー)を合併
1991（平成3）	59	第三次行革審「世界の中の日本」部会長就任
1994（平成6）	62	DDIポケット企画（PHS通信業者）を設立
1995（平成7）	63	京都商工会議所会頭就任
1997（平成9）	65	京セラ、第二電電の会長職を退き、取締役名誉会長に就任。臨済宗妙心寺派円福寺にて在家得度
2000（平成12）	68	三田工業（複写機メーカー）を支援し、京セラミタ（現京セラドキュメントソリューションズ）発足。DDI、KDD、IDOが合併し、KDDI発足。KDDIの名誉会長に就任
2001（平成13）	69	KDDIの最高顧問に就任
2002（平成14）	70	アブシャイア・イナモリリーダーシップアカデミーを設立
2003（平成15）	71	盛和福祉会、稲盛福祉財団を設立
2004（平成16）	72	中日友好協会より「中日友好の使者」の称号を授与。京都大和の家の開設
2005（平成17）	73	鹿児島大学に稲盛経営技術アカデミー（現稲盛アカデミー）を設立。京セラの取締役を退任
2007（平成19）	75	稲盛財団が京都大学に「稲盛財団記念館」を寄附すると発表。米国のケースウェスタンリザーブ大学に「倫理と叡智のための稲盛国際センター」を開設
2009（平成21）	77	フランスの〝ワールド・アントレプレナーシップ・フォーラム〟にて「世界起業家賞」を受賞
2010（平成22）	78	日本航空会長に就任
2011（平成23）	79	ケミカルヘリテージ財団より「2011オスマー・ゴールド・メダル」を受賞
2012（平成24）	80	日本航空取締役名誉会長に就任、日本航空が再上場を果たす
2013（平成25）	81	日本航空取締役を退任。京都大学より「名誉フェロー」の称号を授与。「稲盛ライブラリー」が開館
2014（平成26）	82	京都三大学の教養教育共同化施設「稲盛記念会館」の竣工。英国オックスフォード大学で講演。公益財団法人五井平和財団「五井平和賞」を受賞
2015（平成27）	83	立命館大学が「稲盛経営哲学研究センター」を開設
2017（平成29）	85	英国オックスフォード大学で「Kyoto Prize at Oxford」が開催

おもな参考文献

稲盛和夫 著

『生き方』『京セラフィロソフィ』(サンマーク出版)

『考え方』(大和書房)

『君の思いは必ず実現する』(財界研究所)

『人生の王道』(日経BP社)

『[新装版] 心を高める、経営を伸ばす』(PHP研究所)

『働き方』(三笠書房)

制作スタッフ

まんが	小山鹿梨子
編集	宮下雅子(宝島社)
	神崎宏則(山神制作研究所)
	森田啓代
取材・文	牧原大二
	乙野隆彦(山神制作研究所)
写真	菅野勝男(LiVE ONE)
本文デザイン・DTP	遠藤嘉浩・遠藤明美(株式会社 遠藤デザイン)
	室田素子

Profile

〔監修〕

稲盛和夫（いなもり・かずお）

1932年、鹿児島市に生まれる。1955年、鹿児島大学工学部を卒業後、京都のメーカーに就職。1959年４月、資本金300万円で京都セラミック株式会社（現・京セラ株式会社）を設立し、社長、会長を経て、1997年から名誉会長を務める。また1984年、電気通信事業の自由化に際し、第二電電企画株式会社を設立し、会長に就任。2000年10月、ＤＤＩ（第二電電）、ＫＤＤ、ＩＤＯの合併によりＫＤＤＩ株式会社を設立し、名誉会長に就任。2001年６月より最高顧問となる。2010年２月より、日本航空(JAL、現・日本航空株式会社）会長に就任。代表取締役会長を経て、2013年４月より名誉会長、2015年４月名誉顧問となる。一方、1984年には私財を投じ稲盛財団を設立し、理事長に就任。同時に国際賞「京都賞」を創設し、毎年11月に人類社会の進歩・発展に功績のあった人物を顕彰している。世界中の1万人を超える若い経営者に経営を説く「盛和塾」の塾長として、経営者の育成にも心血を注ぐ。著書に『生き方』『京セラフィロソフィ』(ともにサンマーク出版)、『働き方』(三笠書房)、『人生の王道』(日経BP社）ほか多数。

●稲盛和夫 OFFICIAL SITE
http://www.kyocera.co.jp/inamori/

〔まんが〕

小山鹿梨子（こやま・かりこ）

まんが家。『別冊フレンド』（講談社）の読み切り「保健室の鈴木くん」でデビュー。主な作品に『もやし男と種少女』、『シェリル～キス・イン・ザ・ギャラクシー～』(全４巻)、『校舎のうらには天使が埋められている』(全7巻、いずれも講談社）などがある。現在『校舎の天〈そら〉では悪魔が嗤っている』(共著、講談社）を「eヤングマガジン」で連載中。『まんがでわかる ７つの習慣』(全５巻)、『まんがでわかる ピケティの「21世紀の資本」』(ともに宝島社）のまんが制作も担当。

まんがでわかる
稲盛和夫フィロソフィ

2017年12月22日　第１刷発行
2021年 2月18日　第３刷発行

監修　稲盛和夫
まんが　小山鹿梨子
発行人　蓮見清一
発行所　株式会社 宝島社
〒102-8388　東京都千代田区一番町25番地
電話：営業 03-3234-4621／編集 03-3239-0646
https://tkj.jp

印刷・製本　サンケイ総合印刷株式会社

ISBN978-4-8002-7739-8